# MONEYTRENDS

## FINANZIELLE ERFOLGE
## MIT
## INNOVATIVEN GESCHÄFTSIDEEN

| | |
|---|---|
| **Autor und Herausgeber:** | ***print & CA$H*** *– Werbe - und Verlagsagentur* Patrick Hager |
| **Herstellung:** | **Books on Demand GmbH, Norderstedt** |

**ISBN 3-8311-3728-5**

# INHALTSVERZEICHNIS

# Vorwort

Liebe Leser, in Zeiten von Arbeitslosigkeit und dem immer
größer werdenden Problem der Altersvorsorge ist der Zeitpunkt
gekommen, etwas Gezieltes zu tun! Immer mehr Menschen träumen
von mehr Geld. Werden Sie es auch bekommen?
Um wesentlich mehr Geld zu verdienen benötigen Sie einen Plan, der
Ihr Leben verändern wird. In diesem Buch werden Sie einige
Geschäftsideen finden, um nebenberuflich viel Geld zu verdienen oder
sich vielleicht sogar ganz selbständig zu machen, um noch mehr zu
erreichen!
Überlegen Sie sich jedoch genau, was Sie wollen.
Haben Sie ein bestimmtes finanzielles Ziel oder wollen Sie unabhängig von Ihrem Arbeitgeber werden und ein eigenes Geschäft
führen?
Eines ist jedenfalls klar, viele Menschen vor Ihnen haben den Schritt
in die Selbständigkeit gewagt und sich mit viel Fleiß und Ehrgeiz ein
Vermögen aufgebaut.
Sind Sie neugierig geworden? Dann lesen Sie zunächst einmal die
folgenden Seiten, um einen Einblick in das selbständige Geldverdienen zu bekommen.

# Die theoretische Einführung in die Geschäftswelt!

### - Warum möchten Sie ein Geschäft eröffnen? -

Sie haben sich also entschlossen, sich selbständig zu machen oder nebenbei viel Geld zu verdienen. Die wichtigste Frage, die Sie sich erst einmal stellen müssen, ist: **Warum will ich eine eigene Existenz gründen oder nebenbei ein Geschäft führen?**

Sind Sie in einer schlechten finanziellen Situation? Dann würde ich Ihnen empfehlen, Ihren derzeitigen Beruf beizubehalten und nebenbei mit einer von unseren Geschäftsideen mit wenig Startkapital, in die Geschäftswelt einzusteigen!

Möchten Sie sich jedoch unabhängig von Ihrem Arbeitgeber machen und Ihre eigene Existenz aufbauen, führt wohl kein Weg an der Selbständigkeit vorbei. Können Sie mir folgen?
Gehen Sie einmal tief in sich hinein und denken Sie über Ihre beruflichen und finanziellen Ziele nach! Haben Sie ihre Ziele herausgefunden?

Dann überlegen Sie, ob Sie sich komplett selbständig machen möchten oder ob es ausreichend für Sie ist, ein zweites Standbein aufzubauen, um finanziell besser im Leben zu stehen .
Beide Dinge haben ihre Vor- und Nachteile, worauf ich auf den nächsten Seiten erst einmal näher eingehen möchte.

## - Selbständiger Nebenverdienst -

**Vorteile:**
Mit der richtigen Geschäftsidee können Sie nebenbei sehr viel
Geld verdienen. Der Wille zum Erfolg muss nur da sein.
Bei einer Nebentätigkeit beziehen Sie zwei oder eventuell sogar
mehrere Einnahmequellen. Einmal durch Ihr hauptberufliches
Arbeitsverhältnis und zum Zweiten durch Ihr nebenbei laufendes
Geschäft. Dadurch ist diese Art der Geschäftsführung von großem
Vorteil, da man finanziell doppelt abgesichert ist. Wenn also auf einer
Ebene etwas schief gehen sollte, haben Sie noch ein zweites Standbein
und sind nicht sofort im Kreis der Arbeitslosen.

**Nachteile:**
Fragen Sie Ihren Chef, ob er mit Ihrem selbständigen Nebenverdienst
einverstanden ist. Prüfen Sie auch Ihren Arbeitsvertrag nach Klauseln,
die Ihre Nebentätigkeit beeinträchtigen könnten. Außerdem hätten Sie
durch das hauptberufliche Arbeitsverhältnis weniger Zeit für Ihr
Geschäft.
Sie müssten also eventuelle Freizeitaktivitäten etwas zurückstellen,
um sich intensiv mit Ihrem Geschäft zu beschäftigen. Wenn Sie ein
erfolgreicher Geschäftsmann werden wollen und sich dem zuwenden,
was ich Ihnen in diesem Buch erkläre, sind Ihre Bemühungen
keinesfalls umsonst und Sie werden Ihre finanziellen Ziele mit
positivem Erfolg meistern.

4

## - Die hauptberufliche Selbständigkeit –

**Vorteile :**
Als Selbständiger hat man viele Vorteile. Sie können sich Ihre Zeit
frei einteilen, Entscheidungen selbst treffen und vor allem finanzielle
Ziele viel schneller erreichen.
Ein weiterer Aspekt, der für die berufliche Selbständigkeit spricht,
wäre die Unabhängigkeit von Ihrem Arbeitgeber. Die Verantwortung
und Verwaltung über Ihr Geld und sich selbst tragen Sie in Ihrer
eigenen Hand. Außerdem ergeben sich viele steuerliche Vorteile vom
Staat dem Unternehmer gegenüber.

Von der Steuer absetzen lassen sich größtenteils:

- Einrichtung des Büros, Computer, Telefonrechnungen
- Strom- und Mietkosten
- Geschäftsessen
- Geschäftswagen, Arbeitsbekleidung
- Dienstreisen usw.

**Nachteile:**
Die berufliche Selbständigkeit ist jedoch nicht ganz so einfach wie
man denkt. Sie tragen nämlich sich selbst, Ihrem Geschäft und wenn
vorhanden auch Ihren Arbeitnehmern gegenüber eine große Verantwortung, die bestimmt nicht immer leicht zu nehmen ist.
Also dürfen Sie die Nachteile keines Falls in Vergessenheit geraten
lassen. Zeigen Sie jedoch keine Entmutigung. Es gibt Tausende von
Selbständigen, die Verantwortung tragen und sehr erfolgreich sind.
Warum sollten Sie das nicht auch schaffen?

Werden Sie jedoch nachlässig oder machen gröbere Fehler, könnte es
nach zwei Jahren erfolgreicher Selbständigkeit passieren, dass Sie
Konkurs anmelden müssen. Sie müssen stets darauf achten, dass man
als Geschäftsführer je nach Unternehmensform beschränkt oder
gesamt für sein Unternehmen haftet.

Über Verantwortung und Haftbarkeit muss man sich also im Klaren sein, bevor der Schritt in die Selbständigkeit gegangen wird.

Die Selbständigkeit ist also mit einem höheren Risiko verbunden, als ein einfacher Arbeitnehmer zu sein. Lassen Sie sich jedoch nicht entmutigen und denken an die vielen anderen Unternehmer, die den Schritt in die Selbständigkeit erfolgreich geschafft haben.

# Beruflicher Erfolg!
## Aber wie?

Um mit Ihrem eröffneten Geschäft erfolgreich zu sein, müssen Sie sich jeden Tag aufs Neue motivieren. Selbständigkeit setzt sich aus zwei Wörtern zusammen; aus selbst und ständig. Organisieren und motivieren Sie sich selbst also jeden Tag aufs Neue und tun Sie dies ständig, dann haben Sie schon eine Grundformel für beruflichen und finanziellen Erfolg erreicht!

Außerdem würde ich Ihnen empfehlen, eine Geschäftsidee zu finden, in der Ihre persönlichen Interessen stecken und von der Sie auch etwas verstehen. Es würde zum Beispiel wenig Sinn machen, ein Restaurant zu eröffnen, wenn keine Vorkenntnisse vom Gastronomiegewerbe vorhanden sind. Verstehen Sie, was ich meine? Entscheiden Sie sich für eine Geschäftsidee, die auch auf Ihre persönlichen Anforderungen und Fähigkeiten zutrifft. Sie müssen sich in Ihrem Geschäftsfeld wohl fühlen, um Ihre ganze Energie optimal einsetzen zu können.

Mitentscheidend für Ihren beruflichen Erfolge sind die Ziele, die Sie sich setzen müssen. Ohne Ziele sind wir Menschen nicht bestrebt, etwas zu tun! Alles würde keinen Sinn ergeben, wüsste man nicht, für was gearbeitet wird.
Jeder von uns hat seine eigenen Träume, seien es: ein größeres Auto, ein tolles neues Haus oder ähnliche Luxusgüter.
Überlegen Sie sich also gut, welcher Wunsch für Sie in Erfüllung gehen soll.
Es ist wichtig, einen Sinn im Leben zu verspüren und für sich selbst etwas zu tun. Lassen Sie also Ihren Traum in Erfüllung gehen und setzen ihn in ein Ziel um.

Schreiben Sie einmal auf, welches Ziel Sie erlangen möchten und wann es erreicht werden soll:

Ziel: _ _ _ _ _ _ _ _ _ _ _ _ _ _ _ _ _ _ _ _ _ _ _ _ _ _ _ _ _ _ _

Zeitraum in dem das Ziel erreicht werden soll: _ _ _ _ _ _ _ _ _ _ _

Denken Sie jeden Tag an dem Sie arbeiten, an Ihr Ziel und das es nur in Erfüllung geht, wenn Sie konzentriert und fleißig Ihr Geschäft führen .

Diese Art von Motivationstraining ist sehr erfolgsversprechend für Ihre persönlichen und geschäftlichen Ziele, da man jeden Tag bestrebt ist, sein Geschäft gewinnbringend zu führen, um schneller ans Ziel zu gelangen . Für jedes erreichte Ziel setzen Sie wieder ein Neues, um die Motivation aufrecht zu erhalten. Vergessen Sie nie: Werden Sie nachlässig, wird Ihr Ziel nicht in Erfüllung gehen.

Alle bisher aufgeführten Tipps für beruflichen Erfolg sind jedoch unwirksam, wenn Sie pessimistisch sind oder nicht an sich glauben. Blicken Sie optimistisch in die Zukunft und sehen Sie nicht gleich alles von der negativen Seite! Wenn Probleme im geschäftlichen Bereich auftreten, so sind sie da, um gelöst zu werden. Rennen Sie nie vor Problemen weg, denn sie werden Sie irgendwann wieder einholen.
Vertrauen Sie sich selbst! Sie werden jedes Problem lösen, jedes Ziel erreichen und neue Ideen finden, wenn Sie an sich und Ihren Erfolg glauben. Lesen Sie nun eine Zusammenstellung der verschiedensten Bereiche von unseren Geschäftsideen. Wichtig ist, dass Sie sich die Geschäftsidee heraussuchen, die Ihren persönlichen Interessen und Vorstellungen entspricht.

# Die Geschäftsideen

# Geld verdienen mit Werbeflächenvermietung!

Die meisten Firmen möchten ständig ihren Umsatz steigern und
suchen nach immer neuen Mitteln, um ihr Ziel zu erreichen.
Das älteste aber verhältnismäßig effektivste Mittel ist die Außenwerbung.

Ihre Aufgabe bei dieser Geschäftsidee ist es, Werbeflächen an Firmen
aus Ihrer Umgebung zu vermieten. Sie suchen also freie Flächen und
stellen diese Firmen zur Verfügung, die an effektiver Außenwerbung
interessiert sind.
Diese Geschäftsidee eignet sich ideal für eine nebenberufliche Tätigkeit. Außerdem benötigen Sie nur wenig Startkapital (ab ca. 250 €)
Sie können also mit wenig finanziellem Aufwand einen großen
Umsatz erzielen, wenn Sie sich engagieren und Ihre Flächen gut
vermieten.

Um Ihre Werbeflächen effektiv vermarkten zu können, benötigen Sie
einen optimalen Standort für diese. Schauen Sie sich einmal genau in
Ihrer Stadt um, wo freie Flächen zur Verfügung stehen. Optimal wären freie Flächen an Hauptstraßen, im Zentrum Ihrer Stadt, in
gut besuchten Einkaufszentren, an Autos, ja sogar an Einkaufswagen;
überall da, wo jeder ein Auge darauf werfen kann.
Die billigste Variante zum Aufstellen der Schilder, sind Zäune oder
schon errichtete Werbeträger, die Sie sich vom Besitzer anmieten
können. Stehen in Ihrer Stadt keine Werbeträger zur Verfügung,
müssten Sie selbst welche aufstellen. Das würde bedeuten, dass
höhere Kosten auf Sie zukommen würden (Anmeldegebühren bei der
Stadtverwaltung für Baurecht, Baumaterial usw.).
Versuchen Sie also, Ihre Werbeflächen auf schon errichteten Trägern
anzubringen, um Kosten einzusparen!
Fragen Sie ausgewählte Grundstücksbesitzer, ob Sie auf deren
Grundstück Werbeschilder aufstellen dürfen. Bieten Sie Ihnen einen
guten Mietpreis an, z.B. für eine Fläche von 10 m² könnten Sie ca.
1.000 € im Jahr anbieten. Als nächsten Schritt suchen Sie sich 10

Firmen, von denen jede eine Fläche von 1m² anmieten möchte. Den Preis für Ihre Mietflächen können Sie selbst festlegen. Denken Sie aber daran, dass Sie den Preis dem Markt angleichen. Ist er zu hoch, werden wenige Firmen Ihre Flächen mieten und ist er zu niedrig, dann haben Sie eventuelle Umsatzeinbußen! Bedenken Sie bei der Festsetzung vom Preis, dass einige Kosten auf Sie zukommen, die Sie mit einrechnen müssen.

Wenn Sie also eine Werbefläche von 1m² für 40 € im Monat vermieten, hätten Sie bei 10 vermieteten Flächen dieser Größe schon einen Jahresumsatz von 4.800 €. Davon bezahlen sie 1000 € dem Vermieter und es errechnet sich Ihr Gewinn ohne Steuern, bis auf wenige Kosten für Befestigungsmaterial für die Werbeschilder. Überlegen Sie, wie viel würden Sie verdienen, wenn Sie 50 Flächen dieser Größe vermieten? Die Werbeflächenvermietung ist also ein äußerst lukratives Geschäft, bei der Fleiß und Engagement im Vordergrund stehen.

Haben Sie also einige Werbeflächen zur Verfügung, ist Ihr nächster Schritt die Kundensuche. Ich persönlich würde Ihnen empfehlen erst einmal Ihre Bekannten die eine Firma haben, zu befragen, ob sie an Ihrem Geschäft interessiert sind. Erklären Sie ihnen, wie man mit Ihrer Außenwerbung viele neue Kunden gewinnen kann und wie man dadurch das Image einer Firma erheblich verbessert.

Eine weitere preiswerte Alternative um Kunden neu zu gewinnen, ist die Verteilung von Flugblättern oder Werbebriefen. Nehmen Sie sich einmal das Firmenverzeichnis Ihrer Stadt vor und überlegen, welche Firmen an Ihrem Geschäft interessiert sein könnten.

**Hier sind ein paar Beispiele aus verschiedenen Branchen, an denen Sie sich orientieren können.**

*Gaststätten, Autohäuser, Sportgeschäfte, Tischlereien, Sanitär- und*

*Heizungsfirmen, Diskotheken, Fitnesscenter, Taxiunternehmen,*
*Einkaufszentren, Hotels, Modegeschäfte, Unterhaltungsunternehmen*
*usw.*

Suchen Sie sich also ein paar Firmen aus Ihrer Stadt heraus und
notieren Sie deren Anschrift. Nun entwerfen sie ein Flugblatt, das
Ihren Geschäftsvorschlag enthält und verteilen diese an die notierten
Adressen. Wichtig dabei ist, dass Sie Ihr Flugblatt geschmackvoll
entwerfen und mit einem SUPER-ANGEBOT werben!
Ein pfiffig ausgedachter Slogan, und ein gutes Angebot wecken das
Kundeninteresse.
Auf der folgenden Seite habe ich ein Muster für Sie erstellt, an dem
Sie sich orientieren können!

Haben sich nun einige interessierte Firmen bei Ihnen gemeldet,
erläutern sie ihnen, was für Leistungen in Ihrem Preis integriert sind.
Sie könnten die Werbeschilder der Firmen z.B.:

- kostenfrei aufstellen
- einen Werbeslogan entwerfen
- die Reinigung der Schilder übernehmen
- die Kostenübernahme der Werbeschilder

Was für Leistungen Sie übernehmen, bleibt allein Ihnen überlassen.
Denken Sie aber daran, je mehr Leistungen Sie übernehmen, desto
schneller werden Sie neue Kunden gewinnen.
Achten Sie darauf, Ihre Kosten so gering wie möglich zu halten, um
einen großen Gewinn zu erzielen.
Legen Sie Ihre Leistungen und weitere Gesichtspunkte in einem
Mietvertrag fest.
Um sich einen Einblick zu verschaffen, habe ich Muster von einem
Mietvertrag und einem Flugblatt auf den nachfolgenden Seiten
dargestellt.

Vergessen Sie nicht, zusätzlich auch einen Vertrag für den Besitzer der bereitgestellten Werbeflächen aufzusetzen, um sich rechtlich abzusichern. Außerdem ist es ratsam, die Kündigungsfrist beider Verträge gleich zu halten, um eventuelle Verluste von Firmen abzudecken, die Ihnen den Vertrag kündigen. Sonst müssten Sie eventuell, für eine Fläche vom Vermieter weiterzahlen, obwohl Sie von Ihnen nicht mehr vermietet wird.

Alles von Ihnen eingenommene Kapital muss beim Finanzamt gemeldet werden und ist steuerpflichtig.
Bevor Sie beginnen, müssen Sie einen Gewerbeschein auf Ihre Werbeflächenvermietung anmelden. Den bekommen Sie im zuständigen Gewerbeamt Ihrer Stadt.

Viel Glück mit dieser lukrativen Geschäftsidee der Außenwerbung.

# KUNDENNEUGEWINNUNG

## JA; ABER WIE?

## FA. WERBETEC hilft weiter!

Für unsere einzigartigen Werbeflächen bieten wir exklusiv für Sie:

- Einen **optimalen Standort** im Einkaufszentrum ................ ,
  eines der bestbesuchtesten Einkaufscenter in unserem Wohnort!

- Werbung aller Art, ob Direktverkauf, Promotion,
  Image-, Mitglieder- oder Produktwerbung, unsere
  Werbeflächen können Sie für viele Zwecke einsetzen!

- Eine Werbefläche des Maßes 1,00 m x 1,00 m
  (auf Wunsch **inklusive Werbeslogan**),
  jetzt zum Einführungsangebot von **monatlich nur 40 €** !

# Interesse?

Dann rufen Sie uns an:

14

# Werbeflächenmietvertrag (Muster)

Zwischen der:      FA. Werbetec
                    Anschrift

                    - Vermieter-

und                FA. Muster

                    - Mieter  -

wird nachfolgender Mietvertrag geschlossen.

## § 1
## Mietsache

(1)  Die Fa. Werbetec vermietet dem Mieter zum Aufstellen eines Werbeschildes, auf dem Grundstück ... ( Skizze beiliegend), eine Werbefläche. Die Werbefläche hat eine Größe von ...m x ...m. Der Mieter verpflichtet sich dieses Maß einzuhalten und ein Schild dieser Größe bereitzustellen.
Die Skizze ist Bestandteil des Vertrages.

## § 2
## Dauer des Vertrages

Das Mietverhältnis beginnt am .... . Es wird für 1 Jahr ab Beginn des Vertrages abgeschlossen.

## § 3
## Mietzins - Abbuchungsermächtigung

(1)  Der Mietzins beträgt monatlich 40 € (in Worten Vierzig )

Zuzüglich der gesetzlichen Mehrwertsteuer in Höhe von
............ €. Änderungen der gesetzlichen Mehrwertsteuer
trägt der Mieter.

(2) Der Mietzins ist monatlich im Voraus, spätestens bis zum
dritten Werktag eines jeden Monats, kostenfrei bei der
Sparkasse ..., Kto.- Nr. ... zu entrichten.

(3) Der Mieter ist auf Verlangen des Vermieters verpflichtet,
die Miete gemäß Abs.1 von seinem Konto bei einem
Geldinstitut abbuchen zu lassen und die dazu erforderliche
Einzugsermächtigung zu erteilen. Der Mieter hat ggf. ein
Konto bei einem Geldinstitut anzulegen. Bei Vorliegen eines
wichtigen Grundes ist der Mieter berechtigt, die Einzugsermächtigung zu widerrufen.

(4) Bei Zahlungsverzug ist der Vermieter berechtigt, nach einer
Frist von einem Monat nach dem letzten Zahlungstermin, die
Werbeschilder zu entfernen und dem Mieter zu übergeben.

## §4
## Gefahrtragung - Versicherungen

Der Vermieter haftet nicht für Schäden, die durch Dritte verursacht
werden. Für Diebstahl oder Beschädigung des Werbeschildes durch
Umwelteinflüsse, haftet der Mieter.

## §5
## Vermieterpflichten

Der Vermieter verpflichtet sich, die Werbeschilder ordnungsgemäß zu
befestigen, außerdem sorgt er regelmäßig für die Reinigung der
Schilder falls sie von Schmutz befallen sind. Über Diebstahl oder
Beschädigung der Schilder benachrichtigt die FA. WERBETEC
unverzüglich den Mieter. Zur Befestigung der Schilder sind
Bohrungen notwendig, die zur Kenntnis genommen werden müssen.

## §6
### Mieterpflichten

Der Mieter besorgt die Werbeschilder selbst und übergibt sie vor Beginn des Mietverhältnisses dem Vermieter, um bevorstehende Anmeldungen zu erleichtern.

## §7
### Rückgabe der Werbeschilder

Bei Beendigung des Mietverhältnisses werden die Werbeschilder dem Mieter wieder übergeben.

## §8
### Besondere Vereinbarungen

...................................................................................................
...................................................................................................
...................................................................................................
...................................................................................................
...................................................................................................
...................................................................................................
...................................................................................................
...................................................................................................
...................................................................................................

## §9
### Schlussbestimmung

(2)  Änderungen und Ergänzungen dieses Vertrags sind schriftlich zu vereinbaren. Dies schließt nicht aus, dass die Vertragsparteien im Einzelfall auf die Schriftform verzichten.

.................        .............
-Vermieter-        -Mieter-

# Geld verdienen mit einem Umzugs und Entrümpelungsgeschäft

Diese Geschäftsidee ist ideal für Leute die gern selbst mit anpacken und einen Drang für Ordnung und Sauberkeit besitzen. Ihre Aufgabe besteht darin, Leuten bei Umzügen und Wohnungsauflösungen zu helfen. Sie würden dann Ihren Kunden beim Transport und evtl. beim Wiederaufstellen der Möbel helfen. Aber auch die Entsorgung von alten Möbeln und anderem Hausmüll könnte zu Ihrem Aufgabengebiet gehören. Außerdem könnten Sie zusätzlich sämtliche Abrissarbeiten auf Baustellen mit in Ihre Leistungen integrieren. Möglich wäre auch bei Baustellenauflösungen den restlichen Müll zu entfernen und evtl. einige Reinigungstätigkeiten zu übernehmen.

Jetzt werden Sie denken, dass es in Ihrer Stadt schon ein paar Umzugs- und Abrissunternehmen gibt.
Ja, die gibt es auch! Aber dies sind meist größere und teurere Unternehmen mit vielen Mitarbeitern, die sich nur wenige Leute leisten können. Ihr Geschäft sollte deshalb kleiner und preiswerter bleiben als die Konkurrenten Ihrer Stadt, aber trotzdem die gleichen Leistungen erbringen.

Für dieses Geschäft brauchen Sie verhältnismäßig wenig Startkapital. Zur Ausrüstung benötigen Sie einen, etwas größeren gebrauchten Lieferwagen, um Möbel transportieren zu können und eventuell etwas Abrisswerkzeug. Ist einmal ein größerer Lieferwagen notwendig, könnten Sie sich bei einer Autovermietung kurzfristig einen mieten. Wenn Ihr Geschäft dann richtig läuft, können Sie sich zusätzlich ein Büro einrichten, um für Ihre Kunden erreichbar zu sein.
Bei Umzügen wäre es ratsam einen Mitarbeiter auf Abruf einzustellen, um schwere Einrichtungsgegenstände transportieren zu können.
Versuchen Sie Ihre Preise tiefer als die der Konkurrenten anzusetzen , damit Sie genügend Kundschaft abbekommen. Denken Sie daran, es gibt für alles immer eine billigere Lösung und das sollte für Sie ein

Privileg sein, um Ihre Kunden zufrieden zustellen und einen großen Gewinn zu erzielen. Die Menschen aus Ihrer Stadt sollten von Ihrem Geschäft überzeugt sein und wissen, dass Sie optimale Preise haben und saubere Arbeit leisten.

Rechnen Sie also einmal alle Kosten zusammen, die Sie für Ihr Geschäft benötigen und legen Sie einen Preis fest, den Sie pro Stunde verlangen können. Zum Stundenlohn müssten Sie noch Ihre Ausgaben (z.B. Müllentsorgung usw.), dem Kunden mit in Rechnung stellen. Kalkulieren Sie nun die Einnahmen und Ausgaben genau und stellen Sie einen Finanzplan auf, um einen Überblick des monatlichen Einkommens zu bekommen.
**Die Ausgaben:** Lohnkosten, Benzingeld, Miete für Baumaschinen usw. je nach Auftrag.

Kundensuche:
Als ersten Punkt würde ich empfehlen, auf Ihrem Lieferwagen eine gut lesbare Werbebotschaft anzubringen.
Gestalten Sie diese am Besten in leuchtender Neonschrift und vor allem groß und unübersehbar. Überlegen Sie sich einen kurzen, aber pfiffigen Werbeslogan. Er muss sich in das Gedächtnis der Leute einprägen. Verwenden Sie eine Botschaft wie:

**VERGESSEN SIE DEN UMZUG, DEN MACHEN WIR FÜR SIE!**

Setzen Sie außerdem eine Annonce in einer Tageszeitung Ihrer Stadt auf. Die Annonce, sollte auf alle Fälle so gestaltet werden, dass Sie sich von allen Konkurrenten Ihrer Branche abhebt. Locken Sie Ihre neuen Kunden mit Top-Angeboten für Ihr Umzugs- und Entrümpelungsgeschäft, wie zum Beispiel:

- Top Angebot: Umzüge ab 15 € /Std.
- Möbeltransporte bis 10 km fahrtkostenfrei
- Aufbau neuer Möbel zum Spezialpreis
- Entrümpelungen und Abrissarbeiten aller Art
- Entsorgung von Grobmüll und Schrott

Glauben Sie mir, es gibt nichts Wichtigeres für die Kundenneugewinnung als die Werbung. Je mehr Werbung Sie also machen,
und je auffälliger und besser Sie Ihren Werbeslogan gestalten, desto
mehr Kunden werden Sie gewinnen.

Beschäftigen Sie sich also intensiv mit der Werbung für Ihr Geschäft.
Sie ist die Grundlage für Ihren Erfolg.
Wenn Sie sich nicht zutrauen Ihre Werbung selbst zu organisieren,
können Sie auch Werbeagenturen beauftragen, Ihnen dabei zu helfen,
zu einem bekannten und erfolgreichen Unternehmen Ihrer Stadt zu
werden.
Zur Eröffnung für Ihr Umzugs- und Entrümpelungsgeschäft benötigen
Sie nur einen Gewerbeschein, den Sie in dem Gewerbeamt Ihrer Stadt
anmelden müssen. Erklären Sie den zuständigen Behörden genau,
welche Tätigkeiten Sie bei Ihrem Geschäft durchführen und Sie
werden dort erfahren, was für Genehmigungen notwendig sind, um Ihr
Geschäft zu eröffnen. Bieten Sie zum Beispiel zusätzlich für Ihre
Kunden handwerkliche Arbeiten an, reicht ein Gewerbeschein
vielleicht nicht mehr aus.
Für bestimmte handwerkliche Tätigkeiten ist ein Meisterbrief
notwendig. Bieten Sie also nur Tätigkeiten an, die Sie ohne
Meisterbrief durchführen können. Das erspart Ihnen eine teure und
langwierige Meisterausbildung.

Für die Buchführung und die Abrechnungen an das Finanzamt
empfehle ich Ihnen einen Steuerberater zu engagieren. Er hat die
qualifizierten Fachkenntnisse dazu und kann Ihre gesamte
Abrechnung abwickeln.
Möchten Sie die Steuererklärung selbst in die Hand nehmen,
benötigen Sie einige Grundkenntnisse, die Sie sich aneignen müssen.
Besuchen Sie Steuer- und Buchführungsseminare für Selbständige,
bevor Sie mit Ihrer Steuererklärung beginnen.

Diese Geschäftsidee eignet sich ideal für einen nebenberuflichen
Einstieg!

Je nach Auftragslage, können Sie dann selbst entscheiden, welche Verdienstmöglichkeiten Sie in Anspruch nehmen!

Viel Erfolg mit Ihrem eigenen Umzugs- und Entrümpelungs-geschäft.

# Unternehmensberater, stiller Teilhaber

Eine relativ einfache Methode viel Geld zu verdienen, ist die, jungen wachsenden Firmen sein Wissen oder Kapital anzubieten. Es gibt also zwei lukrative Möglichkeiten, wie Sie auf diesem Wege Ihre finanziellen Ziele erreichen können.

## Unternehmensberater:

Die Variante mit dem geringsten Startkapital ist die des Unternehmensberaters. Er bietet seine Dienste und sein Wissen an und verlangt dafür einen gewissen Preis. Als Unternehmensberater helfen Sie also Firmen Ihren Gewinn zu steigern und tragen zur Kundenneugewinnung bei. Sie geben Ihnen Tipps im Marketingbereich und erklären, wie man je nach Branche Betriebskosten einsparen kann.

Unternehmensberater sind also da, um firmeninterne Probleme zu beseitigen und Firmeninhabern Erfolgsrezepte weiterzugeben. Diskretion und Geheimhaltung von Firmengeheimnissen sollten für Sie also selbstverständlich sein, wenn Sie sich für diese Geschäftsidee entscheiden. Des Weiteren können Sie dazu beitragen, das Arbeitsverhältnis zwischen den Mitarbeitern und von Arbeitnehmer zu Arbeitgeber erheblich zu verbessern. So werden optimale Arbeitsbedingungen geschaffen und die Produktivität steigt. Helfen Sie also Unternehmen, alle negativen Einflüsse zu beseitigen, um sie zu renommierten und gewinnbringenden Firmen werden zu lassen.

Voraussetzung für dieses Geschäft ist kreatives Denken und viele lukrative Ideen, die für jede Art von Unternehmen unumgänglich sind. Sie müssen gute Kenntnisse im betriebswirtschaftlichen Bereich besitzen und ein ausgeprägtes Wissen über Firmenführung haben.
Außerdem sollten Sie einige Regeln der Rhetorik beherrschen, um Ihre Kunden gut überzeugen zu können.
Ausrüstung und Kapital werden bei dieser Geschäftsidee nur

geringfügig benötigt. Ein Personalcomputer mit den erforderlichen Arbeitsprogrammen, ein Telefon und ein Faxgerät reichen am Anfang schon aus, um erfolgreich akquirieren zu können.

Bevor Sie Ihr Geschäft eröffnen, sollten Sie sich mit der Unternehmensberatung genauestens konfrontieren. Seminare bieten eine gute Möglichkeit um das nötige Fachwissen zu erlangen. Leihen Sie sich Fachliteratur in Büchereien aus und schauen Sie sich gegebenenfalls Videos darüber an. Lukrative Ideen und ausgeprägtes Fachwissen, sind der wichtigste Teil der Unternehmensberatung.
Versuchen Sie sich so viel wie möglich Wissen über Unternehmensformen, Marktanalysen, Wirtschaftszusammenhänge und andere Faktoren zu verschaffen, die für Ihr Beratungsgeschäft von Vorteil sein können.

Haben Sie nun das fundierte Fachwissen erreicht, beginnt für Sie die Kundensuche. Finden Sie einige Unternehmen, aus Ihrer Umgebung heraus, die Ihre Beratung gut gebrauchen können. Viele Unternehmen haben Hilfe nötig, nehmen Sie aber nicht in Anspruch, weil sie Unternehmensberatern skeptisch gegenüber treten.
In erster Linie ist es also wichtig Konzepte für jedes einzelne Unternehmen vorzubereiten, um damit Interessenten von Ihrem Vorhaben überzeugen zu können.

Neukunden können Sie zum Beispiel durch die preiswerte Briefwerbung finden. Gestalten Sie einen Werbebrief mit einmaligen Angeboten: für Betriebskostensenkungen, Kundenneugewinnungen oder optimalen Preisfestlegungen.

Senden Sie diese Werbebriefe an Unternehmen, die Ihre Hilfe in Anspruch nehmen würden.
Eine weitere Möglichkeit, ist die Werbung in Anzeigenblättern oder Tageszeitungen Ihrer Stadt. Wenn Sie sich erst richtig eingearbeitet haben und genügend Kapital besitzen, können Sie bundesweit Annoncen in großen Fachzeitschriften für Unternehmer inserieren.

So besteht die Möglichkeit noch lukrativere Aufträge an Land zu ziehen. Ich würde Ihnen empfehlen, Ihren Geschäftsraum zunächst auf Ihre Umgebung einzuschränken, um Erfahrung zu sammeln.

Hat sich ein Unternehmen auf Ihr Angebot gemeldet, so erfragen Sie, welcher Dienst übernommen werden soll. Meist wird man Sie beauftragen neue Kunden zu gewinnen oder die Betriebskosten zu senken. Bevor Sie dem Geschäftsführer Ihr Angebot vorstellen, müssen Sie einige Faktoren herausfinden, die dafür notwendig sind:

**Was für Konkurrenz besteht am Markt?**

**Welche Einnahmen und Ausgaben hat das Unternehmen?**
*Wo kann eingespart werden?*

**Was für ein Produkt wird verkauft oder welche Dienstleistung wird ausgeführt?**
*Wie kann man durch ein neues Produkt mehr Umsatz erzielen?*
*Können eine oder mehrere zusätzliche Dienst- oder Serviceleistungen angeboten werden?*

**Bestehen im Unternehmen Probleme im Bereich Marketing?**
*Wenn ja, versuchen Sie diese durch effektive Werbung zu lösen, zum Beispiel durch eine Verbesserung der Werbeannoncen oder andere Maßnahmen um das Unternehmen bekannter zu machen!*

Versuchen Sie also für das Unternehmen so viel wie nur möglich Kosten einzusparen und Neukunden zu gewinnen, damit Ihre Provision dementsprechend höher ausfällt und der Geschäftsführer mit Ihnen zufrieden ist und weiß, dass Sie ganze Arbeit geleistet haben.
Rechnen Sie alle durch Sie eingesparten Kosten zusammen und schreiben die Gesamtsumme mit in Ihr Angebot!
Legen Sie dieses Angebot nun dem Geschäftsführer vor und erläutern Sie ihm, dass er durch Ihr Konzept ganze 5 % seiner Kosten

24

einsparen kann. Jeder Firmeninhaber wird begeistert sein, vorausgesetzt Ihre Ideen sind gewinnbringend und auch in der Praxis durchführbar! Bevor Sie den Geschäftsführern die Erfolgsrezepte vorlegen, ist es empfehlenswert einen Vertrag aufzusetzen, der Ihren Verdienst und andere wichtige Gesichtspunkte beinhaltet. Zum Beispiel:

**Bei Kosteneinsparung in Höhe von 5% erhält der Unternehmensberater eine Provision in Höhe von 20% der durch Ihn gewonnenen Einsparungen.**

Natürlich können die Provisionsansprüche und Vertragsinhalte von Auftrag zu Auftrag verschieden ausfallen.

Verlangen Sie beispielsweise eine Provision in Höhe von 20% der Einsparungen, die durch Ihre Mitarbeit erreicht wurden.
Angenommen ein Unternehmen hat 480.000 € Einnahmen und 300.000 € Ausgaben pro Jahr.
Durch Ihr Engagement reduzieren Sie die Ausgaben um 8 % jährlich, das sind 24.000 €. Von diesen eingesparten Ausgaben verlangen Sie Ihre Provision in Höhe von 20%.
Sie hätten also an diesem einen Auftrag 4.800 € verdient, abzüglich einiger Bürokosten und sonstiger geringer Aufwendungen.
Stellen Sie sich vor, wie viel Sie verdienen würden, wenn 2 oder mehr solcher Aufträge im Monat anfallen!
Um viel Geld bei dieser Geschäftsidee zu verdienen, müssen Sie also vielen Firmen Ihre Dienste anbieten. Suchen Sie sich größere Firmen mit höheren Umsätzen heraus, damit Ihre Provision prozentual gesehen auch dementsprechend höher ausfällt.
Um möglichst viele Kunden zu gewinnen, müssen Sie anfangs einiges Kapital in die Werbung investieren, um in Ihrer Umgebung dementsprechend bekannt zu werden. Haben Sie erst einmal einige zufriedene Kunden, wird man Sie mit Sicherheit weiter empfehlen.

Ein äußerst zukunftsorientiertes Geschäft also, wenn Sie pfiffige Unternehmenskonzepte an Firmeninhaber weitergeben wollen. Es kann haupt- oder nebenberuflich ausgeführt werden und eignet sich für Menschen, die gut überzeugen können und Organisations- sowie Improvisationstalent besitzen.

Anstrengung lohnt sich! Helfen Sie Unternehmen bei Verbesserungen im wirtschaftlichen und sozialen Bereich, und Sie werden den entsprechenden Erfolg zu Gesicht bekommen.

## <u>stiller Teilhaber</u>

Viele Menschen investieren ihr Geld in Aktien, Immobilien und anderen Anlageformen. Eine weitere Möglichkeit sein Kapital gewinnbringend zu investieren, ist die eines Geschäftsteilhabers. Junge Firmeninhaber suchen Teilhaber, um für das Unternehmen mehr Startkapital zu besitzen. Sie kaufen also einen bestimmten Anteil solch eines Unternehmens und bekommen dafür eine Gewinnbeteiligung.

Das Wichtigste dabei ist, dass Sie sich genau über das Unternehmen informieren, bevor Sie Ihr Kapital anlegen:

*Erkundigen Sie sich über den Umsatz der letzten Jahre und die voraussichtlichen Umsatzprognosen der kommenden Jahre.*
*Wie viel Mitarbeiter hat das Unternehmen?*
*Welche Subunternehmen bestehen eventuell oder sind Fusionen geplant?*
*Welche Unternehmensform ist es?*
*Ist das Unternehmen seriös oder könnten Risiken, beispielsweise durch falsche Unternehmensführung, bestehen?*

Solche und andere Anhaltspunkte klären die Marktsituation eines Unternehmens auf und sind von größter Wichtigkeit, wenn man sein Kapital gewinnbringend investieren will. Klären Sie alle offenen Fragen über das Unternehmen auf und investieren Sie nie, wenn Sie es nicht kennen! Ihr gesamtes Anlagevermögen könnte verloren gehen, wenn falsch investiert wird.

Überlegen Sie also genau, an welchen Unternehmen Sie sich beteiligen möchten.
Hier sind einige Stichpunkte, an denen man sich orientieren kann:

- auf aufstrebende Marktführer setzen
- auf Unternehmen setzen, welche vielzählige und interessante Produktpaletten anbieten möchten

27

- auf zukunftsorientierte Unternehmen setzen, welche beispielsweise High-Tech-Produkte auf den Markt bringen wollen

- nicht in branchentote Unternehmen investieren, die schon seit Jahren am Markt sind und keine Zukunft mehr haben (durch veraltete Produkte oder aussterbende Dienstleistungen usw.)

Um solch ein Unternehmen zu finden, in dem Sie Ihr Geld gewinnbringend anlegen können, schauen Sie sich erst einmal in Ihrem Landkreis um! Durchsuchen Sie Firmenverzeichnisse nach aussichtsreichen Unternehmen. Unternehmerzeitschriften bieten auch eine gute Möglichkeit, um solche Firmen zu finden.

Zusätzlich können Sie noch einige Zeitungsannoncen starten, wie zum Beispiel:

**Zwecks Geschäftsbeteiligung sucht Investor junge Firmen! Beteiligungen bis 10.000 € möglich.**

Haben Sie nun ein junges, zukunftsorientiertes Unternehmen gefunden, fragen Sie dort nach, ob es möglich ist, als stiller Teilhaber mit beschränkter Haftung einzusteigen.
Für diese Geschäftsidee wird im größeren Maße Kapital benötigt, da Sie ja schließlich einen Anteil von einem großen Unternehmen besitzen wollen.

Nehmen wir an, ein Geschäftsinhaber bietet Ihnen an, 10 % seiner Firma anteilsmäßig zu erwerben.
Bei einem Stammkapital von 50.000 €, wären das 5.000 €. Sie bekommen dafür eine jährliche Gewinnausschüttung, deren Summe abhängig von der Jahresbilanz des Unternehmens ist. Der Geschäftsinhaber handelt mit Ihnen 10 % aus.

Bei einem Gewinn von ca. 25.000 € / Jahr wären das 2.500 € Gewinnausschüttung für Sie.
Da Sie viel Geld verdienen möchten, erscheint Ihnen dieser Gewinn mit Sicherheit etwas zu niedrig.
Deshalb sollten Sie, wie oben schon erklärt, auf zukunftsorientierte Unternehmen setzen, welche im Zeitraum von 3-5 Jahren erhebliche Gewinnsteigerungen vorausplanen.

Überlegen Sie, wie viel Sie verdienen würden, wenn das Unternehmen langsam, aber kontinuierlich wächst und beispielsweise nach 3 Jahren Gewinne von 100.000 €, statt 25.000 € einfährt.
Sie hätten dann in einem Jahr 10.000 € an einem Unternehmen verdient. Es ist also am effektivsten sich an mehreren Unternehmen gleichzeitig zu beteiligen, um noch mehr Gewinne zu erzielen.

Teilhaber ist eine sehr originelle aber langwierige Art sein Geld zu verdienen. Investieren Sie in die richtigen Firmen und Sie können mit etwas Glück sehr reich werden. Fragen Sie eventuell Ihren Anlageberater, ob er ein paar solche Unternehmen vermitteln kann.

Bevor Sie jegliche Art von Verträgen unterschreiben, gehen Sie mit Ihrem Anwalt alle Punkte und Rechtsgrundlagen durch, um Risiken oder nichtigen Verträgen aus dem Weg zu gehen.

# Aktienfondsmanager

Eine weitere interessante Anlageform sind zur Zeit Aktien und
Fonds. Der Markt an den Börsen boomt, also warum sollte man damit
nicht Geld verdienen. Sie könnten Ihr Geld sicherlich auch allein an
den Börsen unserer Weltmärkte anlegen, aber dazu benötigen Sie zu
viel Kapital, um die größtmögliche Rendite zu erreichen.

**Wie kann man Geld mit Aktien verdienen, ohne einen Pfennig zu
bezahlen, und noch wichtiger, das Risiko des Totalverlustes zu
minimieren?**

Die Antwort liegt bei der Tätigkeit eines Aktienmaklers.
Ihre Aufgabe ist es, Anlagestrategien zu entwickeln, um damit Geld
am Aktienmarkt zu verdienen. Investoren legen Ihr Geld bei Ihnen an,
da die Sparbücher und andere Konten zu wenig Zinsen herausschla-
gen. Ein eigener kleiner Aktienfonds also, mit dem Sie viel Geld
verdienen können, wenn Sie es nur wollen.

Das nötige Fachwissen im Bereich Aktien und die richtigen
Anlagestrategien sind bei dieser Geschäftsidee äußerst wichtig.
Mit einfacher Rumzockerei werden Sie früher oder später, so oder so
auf die Nase fallen. Möchten Sie ein erfolgreicher Aktienmakler
werden, ist es also unbedingt notwendig das nötige Fachwissen zu
erlangen. Besorgen Sie sich Bücher im Fachhandel über, Anlagestrategien, Grundkenntnisse von Aktien und alles was sonst dazu
gehört. Besuchen Sie gegebenenfalls Seminare oder erkundigen
Sie sich bei Leuten die Erfahrung auf diesem Gebiet besitzen.

Einige Grundregeln der Anlagestrategien:

- *Nur auf zukunftsorientierte Branchen setzen!*

- *Aktien zum richtigen Zeitpunkt kaufen! Bevor
der große Schwung kommt und alle Anleger
kaufen (das bringt große und schnelle
Gewinne ein).*

- *mehrere Aktien, aus verschiedenen aussichts-*
  *reichen Branchen gleichzeitig kaufen, um*
  *Verluste zu begrenzen. Nie alles auf eine*
  *Aktie setzen, das Risiko ist um einiges*
  *höher, Verluste einzufahren. Machen Sie es*
  *wie große Fondgesellschaften, diese kaufen*
  *10 oder mehrere Aktien gleichzeitig und*
  *erhalten somit eine sichere Form der Geldan-*
  *lage in Wertpapieren.*

- *Beim Handel dem Trend folgen! (Stay with*
  *the Trend ,the Trend is your friend!)*
  *Der Trend zeigt zur Zeit auf Biotechnologie-,*
  *Neue Medien-, und Internetaktien.*

- *Gewinne mitnehmen! Hat eine Aktie ihr*
  *Kurspotential ausgereizt, sollten Sie diese*
  *verkaufen, da sie durch größere Gewinn-*
  *mitnahmen vieler Anleger an Wert verliert.*

- *Limits setzen! Um sich vor schnellen und*
  *tiefen Kurseinbrüchen zu schützen, können*
  *Sie Limits bei Ihrer Bank setzen.*

Beispiel: Sie Kaufen eine Aktie für 50 EURO und legen ein Limit bei
ca. 40 EURO fest. Fällt die Aktie unter 40 EURO verkauft sie Ihre
Bank automatisch. Dadurch können Sie größere Verluste vermeiden.
Legen Sie das Limit nicht zu knapp unterhalb des Aktienkurses fest,
sonst könnten Ihre Wertpapiere schon bei einer kleinen Korrektur
verkauft werden. 15-20 % des derzeitigen Kurswertes sind realistisch.

- *Auf Marktführer setzen! Kaufen Sie Wertpa-*
  *piere von aussichtsreichen, jungen Unterneh-*
  *men. Die größten Gewinne bekommen Sie*
  *durch Unternehmen, deren wirtschaftlicher*
  *Aufstieg noch bevorsteht.*

31

Beispiel:
Eine kleine Aktiengesellschaft, hat ein sehr gefragtes Produkt
entwickelt, ist jedoch noch nicht auf dem Anlegermarkt bekannt.
Sie investieren das bereitgestellte Geld bevor die vielen Anleger auf
den Geschmack kommen und kaufen. Mehrere 100 % Gewinn sind
möglich, wenn Sie in Aktien von jungen, interessanten Firmen
investieren. Die richtigen Informationen zum richtigen Zeitpunkt sind
entscheidend. Beschäftigen Sie sich intensiv mit Marktanalysen
einzelner Aktiengesellschaften, um rechtzeitig und optimal investieren
zu können.

*- Neue Aktien zeichnen! Sie kaufen Aktien von Unternehmen die
frisch an die Börse gehen wollen. Unternehmen geben begrenzte
aber günstigere Aktienpakete aus, welche durch interessierte Anleger
erworben werden können. Die Emissionskurse werden von einer
konsortialführenden Bank und dem Unternehmen festgelegt.*

*War der Börsengang erfolgreich und die Nachfrage nach neuen
Aktien nimmt immer noch zu, da der Börsengang durch Werbung
sehr bekannt gemacht wurde, steigen die Kurse meist katapultartig in
die Höhe. So können sehr schnell, hohe Gewinne in kurzer Zeit
erreicht werden.*

*Leider kommt man nur sehr selten an solche Aktienpakete heran,
da es nur begrenzte Stückzahlen gibt und zu viel Nachfrage besteht.
Aber auf einen Versuch kommt es immer an. Zeichnen Sie Aktien bei
aussichtsreichen und bekannten Börsengängen.*

Ein Tipp:   Eröffnen sie bei den konsortialführenden Banken ein
Depot und die Chancen Wertpapiere abzubekommen
steigen um einige Prozente.

Das sind nur einige Grundregeln über den Handel mit Aktien.
Ich rate Ihnen, sich mindestens ein Jahr intensiv mit aktuellen Kursen
und Trends zu beschäftigen, bevor Sie Ihr Geschäft eröffnen.
Legen Sie beispielsweise ein Musterdepot an, wo Sie erst einmal ohne

Geld, von zu Hause handeln können, um Ihr Wissen zu testen.
Haben Sie nun das theoretische und praktische Wissen über Aktien
erreicht, beginnt die Kundensuche. Suchen Sie sich viele Leute, die
bereit sind, bei Ihnen Geld anzulegen. Versuchen Sie auf alle Fälle
Renditen von 10-20 % pro Jahr, mit Ihren Anlagestrategien heraus-
zuholen, um ein breites Spektrum an Kunden zu gewinnen.
Außerdem: Je mehr Kursgewinne, desto höher fällt Ihre Provision
aus.
Nehmen wir also an, Sie haben 10 Kunden gefunden, die bereit sind
bei Ihnen Geld anzulegen. Jeder von Ihnen investiert bei Ihnen eine
Summe von 5.000 €. Das wäre eine Gesamtsumme von 50.000 €, die
Sie zum Anlegen frei zur Verfügung hätten.

Nun kaufen Sie vom bereitgestellten Kapital Aktien und verkaufen sie
wieder, wenn Sie genügend Gewinn eingebracht haben.
Nach einem Jahr erreichen Sie eine Rendite von 35 % (17.500 €). Nun
müssen Sie Ihre Provision abrechnen und es ergibt sich der Gewinn
für alle Anleger, abzüglich geringer Kosten für das Aktiendepot.

Verlangen Sie vom Kunden z.B. eine Provision von 40 % des
Gewinns. Das wären 7.000 € die sie allein an 10 Anlegern verdient
hätten, abzüglich einiger Bürokosten und Provisionsgebühren der
Bank. Um Kleinanlegern auch die Möglichkeit zu geben,
Ihr Geld zu vermehren, können Sie diese auch mit monatlichen
Zahlungen als Kunden gewinnen.
Beispiel : *Herr Muster hat nicht genügend Kapital, will aber eine*
*lukrative Altersvorsorge schaffen. Er zahlt Ihnen monatlich*
*70 €. Sie arbeiten mit dem Geld an der Börse und*
*zahlen ihm jedes Jahr die erreichten Gewinne aus.*

Um sich einen besseren Überblick über die Verdienstmöglichkeiten zu
verschaffen, lesen Sie die Tabelle auf der folgenden Seite.
Wie Sie vielleicht bereits gemerkt haben, benötigen Sie nur
geringfügiges Startkapital für diese Maklertätigkeit, da Sie von Ihren
Kunden finanziert werden.

Dafür können Sie aber einen sehr hohen Gewinn erzielen, wenn Sie eine sichere und gewinnbringende Anlageform erstellen und bereit sind, viele Anleger für Ihre Fonds zu suchen.

<u>Kalkulation zu möglichen Verdienstchancen</u>

| Anleger | 10 | 30 | 50 |
|---|---|---|---|
| Anlagekapital im Durchschnitt pro Anleger | ------------------- 5.000 € ------------------- | | |
| Anlagekapital (gesamt) | 50.000 € | 150.000 € | 250.000 € |
| Rendite in % / DM pro Jahr | 25 % 12.500 € | 38 % 57.000 € | 42 % 105.000 € |
| Provision in % / DM pro Jahr | 40 % 5.000 € | 40 % 22.800 € | 40 % 42.000 € |

Diese Tabelle ist ein Musterbeispiel. Ihre eigenen Vorstellungen von Provisionsansprüchen bleiben Ihnen überlassen. Wie viel Kapital Ihre Anleger bei Ihnen investieren, hängt ganz von der Seriosität Ihres Geschäfts ab. Aber auch die Zielgruppen die bei Ihnen investieren möchten, spielen dabei eine große Rolle. Wohlhabende Leute werden beispielsweise mehr Geld in Ihre Anlageform stecken als normale Bürger. Finden Sie jedoch viele Kleinanleger, die monatlich 70 € investieren, können Sie ebenso große Gewinne erzielen.

Achten Sie bei der Einrichtung ihres Büros darauf, es elegant zu gestalten. Anfangs tut es auch ein Büro bei Ihnen zu Hause! Sie selbst,

sollten mit einem gepflegten Äußeren auftreten, um beim Kunden einen positiven Eindruck zu hinterlassen. Besorgen Sie sich einen Personalcomputer für die Buchhaltung und einen Internetanschluss für schnelle und aktuelle Informationszuflüsse.
Neukunden werden Sie viele finden, vorausgesetzt Sie erreichen nachweislich jedes Jahr die gewünschten Renditen, die mindestens 10 % betragen sollten. Wenn es um Geld geht, sind fast alle Menschen vorsichtig und lassen sich nur ungern auf Risiken ein.
Deshalb sollten Sie Ihr Geschäft professionell führen.

Schauen Sie sich ruhig andere Finanzdienstleistungsunternehmen an und finden Sie heraus, wie diese Neukunden gewinnen.
Werben können Sie auf verschiedene Art und Weise. Ob Außen-werbung oder Anzeigenwerbung, alles ist möglich.
Schalten Sie beispielsweise einige Anzeigen in Tageszeitungen Ihrer Stadt. Um jedoch eine Vielzahl an Anlegern zu bekommen, inserieren Sie am besten in bekannten Anlegermagazinen, welche im gesamten Bundesgebiet erhältlich sind.

Gestalten Sie Ihre Anzeige seriös und glaubhaft! Versprechen Sie keine 1000 % Kursgewinne pro Jahr, denn diese erscheinen sehr unglaubwürdig. Bestenfalls werben Sie mit einem sicheren Aktien-Fond, welcher kontinuierliche Kursgewinne einbringt.
Anfangs können Sie auch Handzettel auf Parkplätzen von Einkaufs-zentren und Wohngebieten verteilen. Das spart enorme Kosten ein, da Sie nur den Druck bezahlen müssen.
Achten Sie aber darauf, dass diese einen sauberen farbigen Druck haben. Es sieht professioneller aus und lockt mehr Leute an, als ein billig, kopierter Handzettel.

An dem folgenden Beispiel können Sie sich orientieren. Dieser Text ist seriös gestaltet und beinhaltet alle Informationen, die für die Kundengewinnung notwendig sind.

Gestalten Sie die Werbung nicht zu protzig, sondern informativ und glaubhaft. Dann werden Sie optimal die gewünschten Kunden gewinnen. Hat sich Ihr Geschäft erst einmal etabliert, können Sie zusätzlich noch einige Außendienstler auf Provisionsbasis nebenberuflich beschäftigen. Diese gewinnen neue Kunden und Sie bezahlen Ihnen eine Provision. Sie sollte von der Einzahlung des Anlegers abhängen.

Haben sich einige Fondsanleger gefunden, erläutern Sie, aus welchem Grund man sein Geld in Aktien anlegen sollte und warum bei Ihnen. Bereiten Sie sich gut auf die Kundengespräche vor, denn Sie sind der Kernpunkt für den Abschluss neuer Verträge.
Wenn Sie viele Verträge abschließen wollen, müssen Sie die Interessenten von Ihrem Konzept überzeugen.

Erklären Sie die Vorteile von Aktien, wie:
- Erheblich größerer Vermögensaufbau als beispielsweise auf normalen Sparkonten.
- Optimale Altersvorsorge, da Renten immer knapper werden.
- Steuerliche Vorteile, bei Anlegung über einem Jahr

Über das höhere Risiko gegenüber Sparbüchern und anderen risikoarmen Geldanlagen müssen Sie Ihre Kunden aufklären.

Es könnte ja auch passieren, dass Sie sich wegen schlechter Marktlage verspekulieren und die Aktien verlieren an Wert. Somit wäre auch das Geld der Anleger betroffen.

Halten Sie alle Risiken in einem, vom Notar beglaubigten Vertrag fest. Erläutern Sie, dass Sie für Kapitalverluste nicht aufkommen, welche durch Kurseinbrüche oder Konkurse von Aktiengesellschaften zustande kommen können. Wenn Sie in einem Angebot mit einer Durchschnittsrendite von z.B. 22 % werben, sollte Ihr Kunde wissen, dass dies keine garantierte Summe ist. In dem einen Jahr könnten Sie 40 % Prozent Rendite erreichen und in einem anderen nur 8 %. Sie sollten jedoch immer bemüht sein, den höchsten Prozentsatz zu erreichen, um Sie und die Kunden zufrieden zustellen.

Am besten Sie beschaffen sich einen Vertrag von einem Aktienfond. Somit gewinnen Sie mehrere wichtige Gesichtspunkte und können diese mit in Ihren Vertrag einbeziehen.
Vergessen Sie nicht! Erzielen Sie keine Gewinne, verdienen Sie auch nichts.
Bevor Sie anfangen zu handeln und Ihre Fonds verkaufen, müssen Sie, wie bei jedem Gewerbe, Ihr Vorhaben anmelden.

Voraussetzung für diese Geschäftsidee ist meines Erachtens nach eine Ausbildung als Finanzwirt oder eines Bankkaufmanns /frau. Es ist aber keine Pflicht. Wichtig ist, dass Sie Fachwissen über den gesamten Aktienmarkt besitzen und unternehmerisches Denken unter Beweis stellen. Erkundigen Sie sich aber individuell auf dem Gewerbeamt, ob und welche Kenntnisse notwendig sind.
Wie Sie vielleicht bereits mitbekommen haben, kann man mit dieser Geschäftsidee die finanzielle Unabhängigkeit erlangen. Sie müssen nur eine Vielzahl von Anlegern finden und für kontinuierliche Renditen sorgen.

Überlegen Sie, wie viel würden Sie wohl verdienen, wenn Sie 200 Kunden an Ihrer Seite hätten?

Besitzen Sie erst einmal einen großen Kundenstamm, können Sie ein paar Mitarbeiter einstellen. So besteht die Möglichkeit sich mehr um Familie und Freunde zu kümmern und trotzdem ein hohes Einkommen zu haben. Wenn Sie sich den Handel an der Börse nicht zu trauen, können Sie auch als Handelsvertreter für eine Fonds-Gesellschaft arbeiten. Achten Sie bei der Auswahl des Unternehmens auf die notwendige Seriosität!
Zum Schluss habe ich noch ein Musterdepot für Sie dargestellt. So könnte die Monatsabrechnung von einem Ihrer Kunden aussehen.

## Depotkontoauszug eines Kunden (Muster)

| | |
|---|---|
| Einlage: | 1.533,88 € |
| Performance im: Feb 00 | 10, 93 %: |
| Guthaben zum: 29.02.00 | 1.701,60 € |
| Auszahlung für: Feb. 00 | 167,72 € |
| Kontoauszug zum 29.02.00 | 1.533,88 € |

| Datum | K/V | Aktie | Kurs € | Gewinn %* | Gewinn in € |
|---|---|---|---|---|---|
| 01.02.00 | Kauf | 1 | 98,50 | | |
| 09.02.00 | Verkauf | 1 | 146,32 | 1,38 | 21,13 |
| 01.02.00 | Kauf | 2 | 18,70 | | |
| 24.02.00 | Verkauf | 2 | 12,00 | - 0,67 | - 10,21 |
| 01.02.00 | Kauf | 3 | 202,99 | | |
| 29.02.00 | Verkauf | 3 | 262,00 | 1,40 | 21,52 |
| 01.02.00 | Kauf | 4 | 155,99 | | |
| 04.02.00 | Verkauf | 4 | 170,68 | - 0,37 | - 05,73 |
| 01.02.00 | Kauf | 5 | 311,00 | | |
| 29.02.00 | Verkauf | 5 | 515,00 | 1,97 | 30,17 |
| 01.02.00 | Kauf | 6 | 133,99 | | |
| 29.02.00 | Verkauf | 6 | 207,00 | 1,40 | 21,54 |
| 01.02.00 | Kauf | 7 | 88,29 | | |
| 09.02.00 | Verkauf | 7 | 101,52 | 0,80 | 12,96 |
| 01.02.00 | Kauf | 8 | 212,01 | | |
| 24.02.00 | Verkauf | 8 | 82,00 | - 0,79 | - 12,18 |
| 02.02.00 | Kauf | 9 | 82,50 | | |
| 09.02.00 | Verkauf | 9 | 125,51 | 1,03 | 15,85 |
| 02.02.00 | Kauf | 9 | 82,50 | | |
| 09.02.00 | Verkauf | 9 | 120,81 | 0,92 | 14,10 |

| | | | | | |
|---|---|---|---|---|---|
| 02.02.00 | Kauf | 10 | 269,99 | | |
| 29.02.00 | Verkauf | 10 | 334,99 | 1,54 | 23,58 |
| 04.02.00 | Kauf | 11 | 71,27 | | |
| 09.02.00 | Verkauf | 11 | 69,61 | - 0,13 | - 1,94 |
| 07.02.00 | Kauf | 12 | 52,50 | | |
| 09.02.00 | Verkauf | 12 | 47,02 | - 0,57 | - 8,74 |
| 10.02.00 | Kauf | 10 | 260,00 | | |
| 29.02.00 | Verkauf | 10 | 334,99 | 1,78 | 27,34 |
| 10.02.00 | Kauf | 13 | 97,99 | | |
| 28.02.00 | Verkauf | 13 | 191,75 | 2,27 | 34,78 |
| 10.02.00 | Kauf | 9 | 128,00 | | |
| 24.02.00 | Verkauf | 9 | 193,57 | 2,84 | 43,50 |
| 10.02 00 | Kauf | 14 | 46,50 | | |
| 14.02.00 | Verkauf | 14 | 46,51 | - 0,02 | - 0,23 |
| 10.02.00 | Kauf | 1 | 145,00 | | |
| 28.02.00 | Verkauf | 1 | 224,50 | 3,06 | 46,93 |
| 14.02.00 | Kauf | 7 | 142,00 | | |
| 29.02.00 | Verkauf | 7 | 300,50 | 3,84 | 58,85 |
| 14.02.00 | Kauf | 15 | 51,56 | | |
| 15.02.00 | Verkauf | 15 | 51,35 | - 0,02 | - 0,32 |
| 15.02.00 | Kauf | 16 | 63,48 | | |
| 18.02.00 | Verkauf | 16 | 57,61 | - 0,49 | - 7,54 |
| 24.02.00 | Kauf | 17 | 84,49 | | |
| 29.02.00 | Verkauf | 17 | 81,50 | - 0,16 | - 2,40 |
| 25.02.00 | Kauf | 18 | 66,80 | | |
| 29.02.00 | Verkauf | 18 | 82,00 | 0,86 | 13,21 |
| 00.01.00 | Kauf | 19 | 0,00 | | |
| 00.01.00 | Verkauf | 19 | 0,00 | 0,00 | 0,00 |
| 00.01.00 | Kauf | 19 | 0,00 | | |
| 00.01.00 | Verkauf | 19 | 0,00 | 0,00 | 0,00 |

Kursgewinne in % und DM gesamt:    21,87    335,45

Gewinnanteil Fondsgesellschaft:    10,93 %    167,72 €
Gewinnanteil Kunde :    10,93 %    167,72 €

*Gewinn gemäß Kapitaleinsatz, Transaktionsgebühren sind berücksichtigt.

# Geld verdienen mit einem Gutscheinanzeigenblatt

Es wird immer schwieriger als Unternehmer für seine Produkte oder Dienstleistungen effektiv zu werben. Da immer mehr Werbung übersehen wird!
Nehmen wir einmal herkömmliche Anzeigenblätter. Diese sind vollgestopft mit Werbeannoncen. Immer weniger Menschen sprechen auf diese Werbung an, da es uninteressant ist, sich durch den großen Dschungel der Anzeigen durchzusuchen.

**Wie kann man Werbeanzeigen gestalten, dass sie jedem ins Auge fallen und sie aufmerksam gelesen werden.**
*Die Antwort liegt beim Gutscheinanzeigenblatt!*

Es setzt sich aus z. B. 20 verschiedenen Annoncen zusammen.
Dies sind keine herkömmlichen Annoncen, denn sie besitzen alle die gleiche Größe und in jeder steckt etwas Besonderes, ein Gutschein von einem Unternehmen.
So lassen sich auf die gleiche Art und Weise, mit etwas mehr Aufwand, eine Vielzahl von Kunden finden. Würden Sie nicht auch einige Gutscheine einlösen, wenn Sie die Möglichkeit dazu hätten? Genauso reagieren auch andere Menschen auf diese Art von Annoncen.
Überall da, wo es etwas preiswerter oder gar für umsonst gibt, lassen sich Menschen locken.

Nehmen wir einmal an, ein Restaurantbesitzer startet eine solche Werbekampagne und verschickt jeweils einen Gutschein an jeden Haushalt Ihres Landkreises. Was meinen Sie, wie viele Leute diesen Gutschein einlösen würden? Mit Sicherheit viele!
Der Restaurantbesitzer gibt jedem Gast mit einem Gutschein einen Café aus und hat somit jede Menge Neukunden gewonnen.
Diese trinken aber nicht nur Café, sondern bestellen noch Kuchen oder Ähnliches hinzu.
Somit hätte der Geschäftsführer seinen Umsatz erheblich verbessert,

durch eine etwas andere Werbeannonce.
Ihre Aufgabe bei dieser Geschäftsidee: *die Kundensuche, die Gestaltung der Anzeigen und die Zusendung des Gutscheinanzeigenblattes, gegebenenfalls in ihrem gesamten Landkreis.*
Ein sehr interessantes Geschäft, da kaum Konkurrenz besteht.

Auf ein Anzeigenblatt im A3 Format könnten sie für ca. 20 Firmen werben. Erstellen sie eine Informationsbroschüre und bieten Sie diese bei kleineren bis mittelständischen Unternehmen an.
Am besten sie schreiben sich ein paar interessante Firmenadressen aus dem Branchenverzeichnis heraus. Welche Firmen das sind, ist egal.
Ihre Ideen, die Sie für die verschiedensten Branchen haben, sind entscheidend.
Mit einem geeigneten Konzept fällt die Kundengewinnung um einiges leichter.
Bereiten Sie sich also gut auf die Kundengespräche vor, um die Vorteile und Hintergründe ihres Anzeigenblattes im Vordergrund erscheinen zu lassen.

Die einfachste Art der Kundengewinnung, ist die Akquisition im Außendienst. Direkter Kundenkontakt ist eine der preiswertesten und erfolgversprechendsten Werbemethoden überhaupt. Eine zusammengestellte Informationsbroschüre über Preise und Vorteile gegenüber anderen Werbemedien, helfen dabei Firmen von Ihrer Werbekampagne zu überzeugen!
Überlegen Sie sich pfiffige Werbegags, wie ein Unternehmen z.B. mit Ihren Ideen, neue Kunden gewinnen kann oder spezielle Produkte dadurch besser verkauft werden können.
Hier ein paar lukrative Gutscheinideen, die Sie bei den vorhandenen Unternehmen verwenden können.

**in Autohäusern:**          Probefahrten mit dem neusten Modell

**in KFZ - Werkstätten:**     Frühjahrschecks für Kraftfahrzeuge

**in Modegeschäften:**       Sonderaktionen z.B. ein Teil bezahlen und zwei mitnehmen

41

Machen Sie den Lesern des Gutscheinanzeigenblattes
ein Angebot:

*- Serviceleistungen, kleine Geschenke, Preisausschreiben ...*
*schon wird aus den Gutscheinen eine Sammlung von*
*Vorteilen! Und die wirft keiner so schnell weg. So erreichen sie besser*
*und schneller die Aufmerksamkeit, als mit herkömmlicher Werbung!*

*- in vielen Branchen möglich: als Mitgliedsausweis für den eigenen*
*Kundenclub - wer unterschreibt, erhält*
*drei Monate lang bis zu 3 % Rabatt*
*auf alle Waren*

Wie bereits schon erwähnt, sind Gutscheine oder all die Sachen die für
Menschen günstig oder gar kostenfrei auftreten, ein Anreiz auf diese
Art von Annonce zu reagieren.

Achten Sie bei der Gestaltung des Gutscheinanzeigenblattes darauf,
jede Annonce gleich groß zu entwerfen, damit kein Unternehmen
bevorzugt wird. Die Menschen werden sich die Anzeigen genau
durchlesen, da es etwas Neues ist und dann entscheiden, welchen
Gutschein sie einlösen. Hierbei kommt es also weniger auf die Größe
einer Annonce, sondern vielmehr auf den Inhalt und die Gestaltung
an. Es ist empfehlenswert jede Annonce unbedingt zwei- oder drei-
farbig herauszubringen. Dazu sollten Sie eine Gesamtüberschrift für
das Gutscheinanzeigenblatt nicht vergessen, damit Ihr Anzeigenblatt
sofort ins Auge fällt und viele Menschen darauf ansprechen.
Sie könnten sich noch einige Werbegags einfallen lassen, um
effektiv für die Unternehmen zu werben. Das hätte wiederum zur
Folge, dass Sie noch mehr Unternehmen als potentielle Kunden
gewinnen würden.
Gestalten Sie zum Beispiel eine Überschrift mit einem Maskottchen!

## TEUFLISCHE PREISE

**Gutscheine, Preissenkungen, kostengünstige Serviceangebote
und weitere Vorteile im Gutscheinanzeigenblatt!**

Um mit dieser Verdienstmöglichkeit beginnen zu können, benötigen Sie relativ viel Startkapital! Dafür können Sie aber auch in kurzer Zeit einen großen Umsatz erreichen. Die meisten Kosten geben Sie für den Druck des Gutscheinanzeigenblattes und für die Zusendung in alle Haushalte Ihres Landkreises oder Ihrer Stadt aus. Eventuell entstehen noch einige Kosten für Ihre eigenen Werbeprospekte.
Sie benötigen ca. 2.400 € Startkapital ( je nach Auflagenhöhe), um erfolgreich zu beginnen.

Lassen Sie sich einen Kostenvoranschlag in einigen Druckereien Ihrer Nähe aufstellen. Nun vergleichen Sie, bei welcher Firma das Preisleistungsverhältnis optimal ist. Die Preisunterschiede sind manchmal enorm!
Als nächstes, erkundigen Sie sich auf Direkt-Marketingunternehmen, wie viel es kosten würde, an jede Adresse Ihres Landkreises ein Anzeigenblatt zu verschicken. Vergleichen Sie aber auch die Preise von anderen Agenturen, die Werbemedien verteilen. Eventuell, könnten Sie Ihr Gutscheinanzeigenblatt, auch als Beilage in Tageszeitungen, in alle Haushalte senden lassen. Wichtig ist nur, dass alle Anzeigenblätter jedem Haushalt zugesendet werden und dass zum geringsten Preis, um die Ausgaben zu minimieren.

**Kalkulieren Sie alles so genau wie möglich und versuchen Sie den größtmöglichen Gewinn zu erzielen.**

Nehmen wir einmal an, dass Sie Ihre Anzeigen in 10.000 Haushalte verschicken. Die Druckerei verlangt pro Blatt (A3) 0,12 Cent. Die Zusendung als Beilagenblatt würde Sie dafür ca. 800 € kosten. Ihre Ausgaben würden somit, eingeschlossen mit einigen anderen Ausgaben, ca. 2.400 € betragen.

Nun kommt die Frage nach dem Preis, den Sie für eine Annonce von den Unternehmen verlangen wollen. Orientieren Sie sich an den Preisen der allgemeinen Anzeigenblätter Ihrer Umgebung.
Ihr Preis sollte nicht höher als 10 % der Durchschnittswerte liegen.
Zum Beispiel eine Annonce, 14 x 7 cm zweifarbig, für

175 € bei 10.000 Haushalten.

Der Preis richtet sich also nach der Größe und der Anzahl der Farben einer Annonce und natürlich nach der Auflagenhöhe.

Diese Zahlen sind natürlich nur Richtwerte, die individuell auf das Geschäftsgebiet, den eigenen Verdienstwunsch und vor allem kundenfreundlich angepasst werden müssen.

Um möglichst viel Geld zu verdienen, können Sie Ihr Gutschein-anzeigenblatt 14-tägig erscheinen lassen.

Ihre Einnahmen für ein Anzeigenblatt mit 20 Gutscheinen a 175 € würden dann 3.500 € betragen. Abzüglich der Ausgaben wären das 1.100 € Gewinn pro Gutscheinanzeigenblatt. In einem Monat hätten Sie mit zwei Anzeigenblättern 2.200 € Gewinn erzielt. Möchten Sie noch mehr erreichen, können Sie Ihr Geschäftsgebiet auf die angrenzenden Städte erweitern. Ein sehr gewinnbringendes Geschäft also, welches wenig Konkurrenz aufweist, aber mit viel Arbeit und Motivation verbunden ist.

Wenn Sie also Spaß am Umgang mit Menschen haben und lukrative Werbeideen besitzen, ist diese Geschäftsidee genau die richtige für Sie!

# Gutscheine , **Gutscheine** und nochmals Gutscheine
## finden Sie hier, im neuen
# Gutscheinanzeigenblatt !

---

## Coupon:

für Ihre „**Probefahrt**"
mit dem Auto der Wahl .

Bei uns im **Autohaus Müller!**
Wer kann da schon **nein** sagen?

---

**Das Frühjahrsangebot:**
Dieser Gutschein ist bares **GELD**
wert! Denn in unseren Aktionswochen
gilt: **10 Brote kaufen, 9 bezahlen!**

10.Brot
GRATIS

*Nur in Ihrer Bäckerei Brezel!*

---

**Gutschein für :**

*eine Tasse*

*italienischen* CAPPUCCINO

nur bei uns im „**MAXI**"

Öffnungszeiten:  Montag bis Freitag
von 9 – 18 Uhr

---

**WIR LASSEN SIE NICHT IM REGEN STEHN !**

Denn all unsere Flugreisen
sind ab sofort mit kostenfreiem
Zubringerbus.

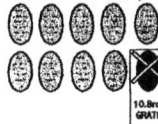

Nur bei P NET- Holiday
das Reisebüro mit Erholungsreisen
zu Dumpingpreisen

Öffnungszeiten: Mo - Fr. 8.00 – 20.00
Sa -    8.00 – 16.00

---

Mit diesem Stück Papier ,

bekommst du **2** Hosen hier ,

nicht für **70 €** eine,

sondern mit **100 €** sind
beide deine!
### nur bei
# JEANS - KING

---

START FREI
FÜR DIE
KUNDENNEUGEWINNUNG.

HIER IST DER PLATZ FÜR
IHRE
WERBUNG

45

# Stripteaseservice

Diese Geschäftsidee ist ideal für junge Leute die gern nachts aktiv sind und über ein gutes Organisationstalent verfügen.
Überall, ob auf Geburtstagspartys, Diskotheken oder anderen Feiern und Veranstaltungen, sind schöne Stripteasetänzer und -tänzerinnen gefragt. Diese sind da, um das Publikum zu unterhalten und mit ihren erotischen Tanzeinlagen die Partygäste in Hochstimmung zu versetzen.
Ihre Aufgabe ist es junge Tänzer und Tänzerrinnen zu finden, die bereit sind, für die von Ihnen gefundenen Auftraggeber zu strippen. Sie organisieren also die Aufträge und gestalten die Shows Ihrer Stripper so, dass alles professionell und faszinierend wirkt.

Sie sollten einen besonders guten Geschmack haben, was die Auswahl Ihrer Tänzer betrifft. Diese müssen eine sportliche Figur und eine erotische Ausstrahlung besitzen. Außerdem wäre es von Vorteil, Leute zu engagieren, welche schon über Tanz- oder Striperfahrung verfügen, so dass Sie auf mühsame Einarbeitungszeiten verzichten können.

Wichtig bei einem Strip ist es, sich gekonnt langsam mit erotischem Gefühl im Blut, auszuziehen. Diese Eigenschaften sollten all Ihre Stripper besitzen, um das Publikum zu begeistern und vielleicht als Stammkunden zu gewinnen. Zusätzlich zum Strippen könnten Sie eventuell noch einige Bühnenshows mit anbieten, zum Beispiel SM-Shows oder atemberaubende Tanzszenen mit mehreren Tänzern gleichzeitig. Sie können Ihrer Phantasie freien Lauf lassen. Wichtig ist nur, die Zuschauer dabei zu begeistern und eventuell ein wenig zu schockieren.
Die Ansprüche können von Publikum zu Publikum verschieden sein, deshalb sollten Sie darauf achten, welche Art von Tanzerotik Sie anbieten. Besuchen Sie Erotikmessen und schauen Sie sich um, was zur Zeit IN ist. Dort werden Sie viele Anregungen für die Gestaltung Ihrer Shows finden.
Vergessen Sie nie Ihre Einfälle sind ausschlaggebend für die Auftragslage. Versuchen Sie also die hübschesten und flirtlustigsten

Stripper aufzutreiben, die Sie nur finden können. Denn Schönheit verkauft sich nun mal am allerbesten.

Diese Geschäftsidee hat einen geringen Risikofaktor, da Sie nur wenig Startkapital benötigen (ab ca. 200 €) und keine festen Angestellten auf Zeit besitzen. Sie benötigen nicht unbedingt einen Geschäftsraum, sondern können alles von zu Hause aus per Telefon oder im Außendienst erledigen. Sie brauchen eine transportable Hi-Fi-Anlage für Auftritte in Räumen ohne Musikanlagen, ein Auto und eventuell ein paar Bühnenaccessoires, inklusive Kleidung.

Um Auftraggeber zu finden starten Sie wöchentlich Annoncen in Tageszeitungen und Anzeigenblättern. Außerdem können Sie Werbebriefe an Diskotheken oder andere Veranstaltungsfirmen senden. Auch auf Privatpartys könnten Ihre Stripper gefragt sein. Um möglichst viele Menschen über Ihre Dienste zu informieren, können sie mit einem Aufkleber auf der Heckscheibe Ihres Autos werben. Fragen Sie Ihre Bekannten und auch die Tänzer, ob sie bereit sind, einen solchen Aufkleber auf ihren Autos kostenfrei anzubringen. Das erhöht den Bekanntheitsgrad Ihres Geschäfts enorm, wenn Sie zum Beispiel 20 Aufkleber auf Autos angebracht haben.

Haben sich nun einige Auftraggeber gemeldet, bereiten Sie Ihre Stripper gut auf den Auftritt vor! Diese sollten Ihre Dessous möglichst von zu Hause mitbringen, das erspart Ihnen teure Anschaffungskosten. Wenn nicht müssten Sie diese besorgen.

Für besondere Anlässe oder Shows können Sie auch Kleidungsstücke im Kostümverleih ausborgen. Dort besteht eine erheblich größere Auswahl und Sie müssen nur einen Bruchteil für die Miete bezahlen, als beim Kauf eines Kleidungsstückes. Ihr Geschäft sollte ohnehin abwechslungsreich sein. Wechseln Sie deshalb öfter die Dessous und den Aufbau des Strips, damit Ihre Kunden jedes Mal neu überrascht sind.

Ich empfehle Ihnen bei jedem Auftritt persönlich dabei zu sein. Schon wegen der Sicherheit ihrer Stripperinnen, denn Belästigungen von Frauen kommen in dieser Branche leider sehr oft vor. Außerdem merken Sie anhand der Zuschauer, welche Show anspricht und welche nicht! Durch Ihre Anwesenheit können Sie alle negativen Eigenschaften beseitigen.

Die Verdienstmöglichkeit hängt von dem Auftragsvolumen ihres Geschäfts ab. Haben Sie viele Stripper engagiert und viele Aufträge, können Sie eine Menge Geld verdienen.
Verlangen Sie für einen GO GO-Tanz mit anschließendem Strip, zum Beispiel 125 - 150 €. Gibt es Konkurrenz in Ihrer Umgebung, sollten Sie die Preise etwas angleichen. Von diesen 125 - 150 € bezahlen sie dem Stripper 60 - 75 €. Ziehen Sie dann Ihre Ausgaben ab und es errechnet sich der Gewinn, pro Auftrag.
Sind Extrawünsche vom Auftraggeber bezugnehmend auf die Kleidung oder Ähnliches gewünscht, können Sie die Preise erhöhen, um die Leihgebühren für Kostüme oder Requisiten zu bezahlen.

Welche Genehmigungen für dieses Geschäft notwendig sind, erfahren Sie auf dem Gewerbeamt Ihrer Stadt.
Ein Stripteaseservice eignet sich je nach Aktivität des Inhabers als haupt- oder nebenberufliches Geschäft, da sich die Arbeitszeit frei einteilen lässt und die Striptermine meist abends stattfinden.

# Jobbörse

Es existieren derzeit fast 4 Millionen Arbeitslose in Deutschland, von denen fast jeder dringend eine Arbeit sucht. Viele von ihnen wissen aber nicht, wo sie noch nach Arbeit suchen sollen. Und so nimmt ihr Schicksal freien Lauf.
*Wie kann man also den Arbeitsuchenden das Problem der Jobsuche, erleichtern?*
**Mit einer Jobbörse!**

Ihr Aufgabengebiet besteht darin, Arbeitsuchenden, Jobs aus allen denkbaren Branchen zu vermitteln. Sie bauen bundesweit Kontakte zu großen Firmen auf, welche neue Arbeitskräfte benötigen!
Diese Kontakte leiten Sie an die Arbeitslosen weiter und verlangen bei Einstellung eine Provision.
Am lukrativsten ist es, wie oben bereits erwähnt, das Geschäftsgebiet bundesweit auszudehnen.
Die alleeerste und wichtigste Aufgabe ist die Suche nach Arbeitsplätzen. Versuchen Sie so viele Jobs wie nur möglich, im gesamten Bundesgebiet aufzuspüren. Man sollte ein breites Spektrum von Berufen aus allen Branchen vermitteln können. Angefangen vom Handwerk, über Handels- und Industrieberufe, bis zu Berufen, bei den ein besonderes Studium absolviert werden muss. Aber auch Heimarbeits- und Teilzeitjobs sollten angeboten werden.

Die Jobbörse wird hauptsächlich über das Internet und andere Kommunikationsmöglichkeiten von zu Hause aus betrieben.
Unbedingt notwendig sind also: ein kleiner Geschäftsraum mit einem komplett eingerichteten Büro (Internetanschluss, Telefon, Faxgerät usw.), welches für Kundengespräche geeignet sein sollte.
Beginnen Sie also mit der Suche von Jobangeboten, die Arbeitssuchenden finden sich leichter, da es leider zu viele davon gibt. Werbebriefe oder einfache Prospekte sind eine Möglichkeit, um für Ihr Geschäft, bei Unternehmen zu werben. Diese sollten eine detaillierte Form Ihres Geschäftsaufbaus enthalten. Verschicken Sie diese Werbebriefe an viele große Unternehmen, die eventuell neue

Arbeitskräfte suchen. Das sind meist Unternehmen, die eine gute Marktposition eingenommen haben oder die ihre Firmenliquidität erhöhen wollen. Aber auch Personalleasingunternehmen suchen ständig neue Arbeitskräfte! Liegen in diesen Unternehmen Stellenangebote vor, werden diese Sie mit großer Wahrscheinlichkeit benachrichtigen. Da es eine kostenlose Methode ist, engagierte und qualifizierte Mitarbeiter zu finden. Auch bei Firmenneueröffnungen werden viele neue Arbeitsplätze geboten.

Versuchen Sie den Bekanntheitsgrad Ihres Geschäftes zu erhöhen, damit viele Arbeitgeber und Arbeitsuchende Ihre Vermittlung in Anspruch nehmen. Die Werbung im Radio kann Ihren Kundenkreis ebenfalls um ein Vielfaches erhöhen.

Ein weiteres Werbemedium wäre das Internet! Von dort aus, können Sie Ihr gesamtes Geschäft abwickeln. Richten Sie sich eine Homepage ein, die Sie in zwei verschiedene Rubriken unterteilen! Eine für die Arbeitgeber und die andere für die Arbeitsuchenden. So haben Sie die zwei Zielgruppen, die für die Jobbörse notwendig sind, in einem Programm angesprochen.

Tragen Sie Ihre Internetseite beispielsweise unter dem Stichwort "ARBEITSPLATZ" oder "STELLENMARKT" in eine Suchmaschine ein. Suchmaschinen sind der Wegweiser im Internet und bieten für die Surfer eine ausgezeichnete Möglichkeit, sich im Internet zu den einzelnen Themen zurechtzufinden. Wirbt man im Internet, so ist es vorteilhaft seine Adresse unter bestimmten Kategorien, eintragen zu lassen. Sind bei Unternehmen Arbeitsplätze frei oder Arbeitslose auf der Suche danach, werden diese sich über die Homepage mit Ihnen in Verbindung setzen.

Die preiswerteste Variante für die Werbung wäre der Außendienst! Doch es ist immer mit viel Zeit verbunden, von Unternehmen zu Unternehmen zu gehen, um nach Arbeitsplätzen zu fragen. Es empfiehlt sich also die Arbeitsplatzsuche im Außendienst zusätzlich zu einer anderen Werbemöglichkeit zu nutzen, um kostbare Zeit einzusparen. Liegen Ihnen nun einige Stellenangebote vor, ist der nächste Schritt, die Suche nach qualifizierten Mitarbeitern. Im Internet wäre dies die einfachste Möglichkeit, da Arbeitgeber und Arbeitsuchende gleichzeitig auf Ihre Werbung ansprechen. Außerdem könnten Sie Annoncen im Stellenangebotsteil von Tageszeitungen aufsetzen. Im Zeitschriftenhandel sind auch Arbeitsmarkt und Stellenangebotszeitungen erhältlich, welche eine hervorragende Möglichkeit bieten, um die Jobbörse vorzustellen.

Beispiel Annonce:

## BEI ANRUF - JOB

Unsere Arbeitsvermittlungsagentur (keine Leihfirma) bietet ständig freie Arbeitsplätze aus den verschiedensten Branchen an.
Wir suchen Sie:

Mechaniker, Dreher, Fräser, Industriemechaniker, Schweißer, Ingenieure aller Art, Fachinformatiker und mehr!

# Interesse?
### Dann rufen Sie uns an!

Zusätzlich könnten Sie Handzettel in gutbesuchten Einkaufszentren verteilen. Das ist kostensparender und der Erfolgsfaktor ist bei richtiger Handhabung ebenso hoch, wie in einer herkömmlichen Zeitungsannonce in ihrem Umkreis.
Zunächst muss die Provision für die Arbeitsplatzvermittlung festgelegt werden! Verlangen Sie von den Arbeitsuchenden eine Vermittlungsgebühr in Höhe von beispielsweise 300 €!

Da Arbeitslose meist wenig Geld besitzen, ist es ratsam, das Fälligkeitsdatum auf den Erhalt des ersten Monatslohns vom Vermittelten festzusetzen. So könnten Sie mit dem Arbeitgeber und dem Arbeitnehmer einen Vertrag aushandeln, der folgendes beinhalten sollte: **Bei Vermittlung eines Arbeitsplatzes verpflichtet sich der Arbeitnehmer, eine Vermittlungsgebühr in Höhe von 300 € an die Fa. JOBBÖRSE zu zahlen. Diese Gebühr wird einmalig von Ihrem ersten Monatslohn abgezogen!**

Sie könnten mit dem Arbeitgeber festlegen, dass er die Vermittlungsgebühr vom ersten Lohn des Arbeitnehmers abrechnet und auf Ihr Konto überweist. Das wäre die einfachste Zahlungsmethode, da Sie sofort bei Lohnzahlung Ihre Provision vom Arbeitnehmer, über den Arbeitgeber erhalten würden.
Für die Arbeitgeber sollte es jedenfalls ein kostenfreier Service sein, neue Mitarbeiter zu gewinnen, da es schwieriger ist, freie Arbeitsplätze zu finden.
Ihre Verdienstmöglichkeiten sind enorm hoch, wenn man bedenkt, wie viel Arbeitslose es gibt! Man muss nur die richtigen Verbindungen zu vielen Arbeitgebern aufbauen, um viele neue Arbeitsplätze zu vermitteln. Bei 15 vermittelten Jobs und jeweils 300 € Provision wäre das schon ein Umsatz von 5250 €.
Davon ziehen Sie Ihre Telefon – Werbe – Benzin – Strom und eventuell weitere Kosten ab und es errechnet sich der Gewinn.

Wenn sich Ihr Geschäft etabliert hat, können Sie noch einige Zweigstellen aufbauen. Empfehlenswert ist es, die Zweigstellen in verschiedenen Bundesgebieten zu verteilen und motivierte Mitarbeiter einzustellen, um noch größeren Erfolg zu erreichen. Diese Angestellten könnten Sie nebenberuflich als Handelsvertreter arbeiten lassen. Das erspart einige Kosten (Versicherungen usw.) gegenüber hauptberuflichen Festangestellten.
Achten Sie darauf, die Niederlassungen in Ballungsgebieten zu eröffnen, denn dort treffen eine Vielzahl von Unternehmern zusammen.

Viele Niederlassungen mit den richtigen Mitarbeitern bedeuten höheren Umsatz. Da Sie nie im gesamten Bundesgebiet allein tätig sein können.

Die Nachfrage nach Arbeit ist in Deutschland sehr hoch. Doch leider ist das Angebot an Arbeitsplätzen nicht ausreichend genug, so dass sich die Arbeitslosen nur schwer ohne Hilfe einen Job suchen können. Für die Jobbörse sind also gute Kenntnisse über den Arbeitsmarkt notwendig. Sie setzt für den Geschäftsbetreiber eine gute Menschenkenntnis voraus, wobei auch das Organisationstalent eine Rolle spielt. Sind Sie bereit den Arbeitslosen einen Job zu vermitteln, so ist diese Geschäftsidee die Richtige für Sie!

# Büroleasing

Sie wissen bestimmt, wie es auf dem Arbeitsmarkt in Büros zugeht.
Stress, Stress und nochmals Stress haben Angestellte und auch deren
Chefs, die mit ihrer Arbeit nicht hinterherkommen. Viele Überstunden
sind dann fällig, weil dem Chef neue Arbeitskräfte einfach zu teuer
sind. Außerdem ist es immer sehr kompliziert Arbeitskräfte einzustellen und sie nach kurzer Zeit bei schlechter Auftragslage wieder zu
kündigen. Das verstößt gegen die Prinzipien des Arbeitsrechts.
Außerdem wäre es sinnlos eine neue Arbeitskraft einzustellen, wenn
sie nur ein paar Tage benötigt wird.

Die Lösung des Problems ist ganz einfach - **das Büroleasinggeschäft.**
Sie erledigen die Personalprobleme der Firmen schnell und zuverlässig. Das ist optimal für die Firmen. Diese kommen zu Ihnen, geben
Ihnen Aufträge im gesamten Büro und Organisationsbereich und Sie
verlangen dafür einen Preis. Diese Methode ist preiswerter und
unkomplizierter, als neue Arbeitskräfte einzustellen. Der Stressfaktor
der Angestellten sinkt gewaltig, womit die Produktivität wieder
steigen dürfte.

Sie übernehmen Arbeiten in allen Richtungen: **Buchhaltung,
Kalkulation, Einkauf, Vertrieb und sonstigen Schriftverkehr.**
Unbedingt notwendig ist also eine fachliche Ausbildung als
Bürokaufmann oder -frau und einige Jahre Berufserfahrung.
Außerdem ist ein gutes Fachwissen von den verschiedensten Branchen
gefragt. Sie sollten zum Beispiel die Büroarbeit von Handwerksfirmen
ebenso gut erledigen können, wie bei Vertriebsunternehmen und
anderen Branchen. Diese Geschäftsidee ist zwar sehr
erfolgsversprechend, aber etwas kostenaufwendiger als die bisher
vorgestellten.
Sie benötigen ein komplett eingerichtetes Büro, mit allen dazu-
gehörigen Arbeitsmitteln (Faxgerät, 1-2 Computer mit Internetanschluss und Datenverarbeitung - sowie Kalkulationsprogramme,
Telefon und Kopierer).
Bei gut laufendem Geschäft ist es ratsam, noch 1-2 Bürokaufleute

mit Berufserfahrung einzustellen, um der entsprechenden Auftragslage hinterher zu kommen. Probieren Sie jedoch Anfangs allein klarzukommen oder suchen Sie sich einen guten Freund, der als Teilhaber mit einsteigt, um das Risiko zu reduzieren.

Wenn sie ein Geschäft gleich mit mehreren Angestellten eröffnen und es etabliert sich nicht, haben Sie Verluste durch die anfallenden Lohnkosten.
Um die Gründungskosten zu reduzieren, informieren Sie sich auf der IHK nach Existenzgründerunterstützung. Bei guter Marktlage in Ihrem Geschäftsgebiet und gründlich erstelltem Geschäftsplan gibt der Staat unter Umständen Zuschüsse für Neugründer.

Die Marktlage für ein Büroleasinggeschäft ist in Ballungsgebieten und großen Industriegebieten, überall da, wo viele Firmen existieren, die Ihre Dienstleistung in Anspruch nehmen könnten.
Achten Sie darauf, Ihr Geschäft dort zu eröffnen, wo es für jeden leicht zugänglich ist und optimale Verkehrsverbindungen vorhanden sind.

### Wie finden Sie möglichst viele Kunden?

Diese Frage ist relativ einfach zu beantworten.
Haben Sie einen richtigen Standort für ihr Büro gefunden, müssen Sie es auch entsprechend einrichten.
Richten sie es einfach, aber modern ein, damit Sie Kosten einsparen können. **Achtung!** Nicht alles vorhandene Kapital für eine teure Ausstattung ausgeben!
Zur Geschäftseröffnung könnten Sie eine kleine Eröffnungsfeier in Ihrem neuen Büro veranstalten. Verschicken Sie an alle möglichen Unternehmen eine Einladung! Das schafft bei den ansässigen Unternehmen einen positiven Eindruck und so können Sie die Gäste gleich über ihre Büroleasingagentur informieren. Achten Sie auf ein gutes Ambiente und stellen Sie ein kleines Buffet auf, mit den entsprechenden Drinks dazu. Das schafft eine gemütliche und gesunde Atmosphäre. Die Menschen sollten gleich am Tag der Eröffnung

Ihr Vertrauen gewinnen. Gehen Sie auf die Leute zu und erläutern Sie die Einzelheiten Ihres Geschäftes! Beantworten Sie möglichst alle offenen Fragen! Auf solche Kundengespräche sollten Sie sich gut vorbereiten, so dass Sie nicht ins Stottern geraten.

Die preiswerteste Methode sich bekannt zu machen, ist die Brief-Werbung. Entwerfen Sie einen Werbebrief der viele Vorteile Ihres Geschäfts beinhalten sollte.
Verteilen Sie Werbebroschüren an alle erdenklichen Firmen in Ihrer Nähe und Sie werden schon bald Ihren Kundenstamm wachsen sehen.
Außerdem können Sie zusätzlich in Tageszeitungen und Anzeigenblättern werben.

Für die Dienstleistung des Büroservice, müssen Sie einen Preis festlegen. Zählen Sie alle laufenden Ausgaben zusammen und errechnen Sie Ihren Stundenlohn. Dieser kann von Gebiet zu Gebiet verschieden sein. Starten Sie deshalb eine kleine Preisforschung.
Diese Preisforschung können Sie problemlos von zu Hause mit dem Telefon ausführen. Haben Sie ein paar Firmen befragt, so legen Sie einen Mittelwert fest, mit dem alle Firmen einverstanden wären.
Marktfreundlich sind Preise von 20 - 40 €.
Es hängt von Ihren Einkommensvorstellungen ab. Für gute Arbeit können sie auch einen entsprechenden Preis verlangen.
Wie sagt man so schön: Gute Leistung bringt gutes Geld!
Setzen Sie den Preis aber nicht zu hoch an, denn sonst werden Sie nur wenige Kunden gewinnen.
Auch Ausgaben wie Büropapier und verschiedene Schreibmittel müssen Sie mit in Ihrer Rechnung integrieren, so dass sich am Ende alles auszahlt und Sie mit dem gewünschtem Erfolg abschließen.
Haben Sie erst einmal ein paar Aufträge an Land gezogen, werden Sie merken, dass Büroleasing ein äußerst lukratives Geschäft ist.
Behandeln Sie Ihre Kunden immer freundlich und versuchen Sie jeden Auftrag erfolgreich durchzuführen. Ein guter Kunde macht sich bezahlt und ist für Sie die beste Werbung.
Um jeder Situation gewachsen zu sein sollten Sie sich einige

Fachbücher aus verschiedenen Branchen besorgen!
Somit bekommen Sie auf jede Frage im bürotechnischen Bereich eine Antwort. Sie beinhalten Kalkulationstabellen und geben Hinweise, wie Lohnbuchhaltungen und der gesamte Schriftverkehr gehandhabt werden.
Wenn Sie sich erst einmal eingearbeitet haben, werden Sie Ihr Geschäft erfolgreich zu führen wissen. Vorausgesetzt Sie sind dafür geeignet. Besitzen Sie einige notwendige Kenntnisse nicht, so müssten Sie sich diese erst aneignen.
Sie werden Anfangs viel arbeiten müssen, vielleicht manchmal sogar 10-12 Stunden am Tag.
Aber was ist das schon, wenn Sie dafür den bezahlten Erfolg zu Gesicht bekommen. Kalkulieren Sie Ihre Preise richtig, dann steht Ihnen zum Geldverdienen eigentlich nichts mehr im Weg.


Die Geschäftsidee eignet sich ideal als hauptberuflicher Verdienst. Ein nebenberuflicher Einstieg ist dennoch möglich!

# Telefonservice

Eine Menge Gewerbetreibende verdienen ihr Geld mit einem Telefongeschäft. Sie bieten Ihren Kunden verschiedene Dienstleistungen an und verlangen einen Preis pro Gesprächsminute.

Die bekannteste und wohl meist gebräuchlichste Form ist die Erotikbranche. Dort bieten Geschäftsinhaber Kontakte zu Frauen an, die die Männer auf verschiedene Art und Weise unterhalten. Aber auch Wahrsager, Horoskopservice, sowie Flirtlines oder Ähnliches gehören dazu.

Doch diese Geschäftsideen existieren leider schon im Überfluss auf unserem heutigen Markt. Man sollte einen Service anbieten, der für die verschiedenste Art von Menschengruppen interessant sein könnte. Und das Wichtigste, der Service sollte wenig Konkurrenten haben, um eine große Anzahl an Kundengesprächen für das eigene Geschäft zu bekommen.

Ein solcher Telefondienst wäre beispielsweise **das Sorgentelefon.** Viele Menschen sind einsam und brauchen einfach nur jemanden mit dem sie reden können. Über Probleme verschiedener Art können Sie Ihren Kunden mit Ratschlägen zur Seite stehen.

Unterschieden werden die verschiedensten Bereiche: von privaten Problemen, über berufliche, finanzielle oder andere Themen kann am Sorgentelefon gesprochen werden.

Eine weitere Möglichkeit wäre **das Rechtsfragen-Telefon.** Alle Menschen die Rechtsfragen haben, können sich den weiten Weg zum Anwalt sparen und ohne große Umwege bei Ihnen anrufen.

Dem Benutzer werden dort alle Fragen über das Rechtssystem in Deutschland erklärt. Bei Rechtsstreits helfen Sie Ihren Kunden eine optimale und einfache Lösung zu finden.

Natürlich sind bestimmte Voraussetzungen je nach Telefondienst notwendig. Besitzen Sie das nötige Fachwissen nicht, können Sie qualifizierte Mitarbeiter als Telefonberater einstellen. Bestenfalls arbeiten Sie mit einem Anwalt zusammen, so besteht die Möglichkeit sich bei schwereren Fällen, ausreichend zu informieren! Im Gegenzug dafür, empfehlen Sie Ihren Kunden diesen Anwalt.

Auch diese Geschäftsidee kann mit geringfügigem Kapital gestartet werden (ca. 250 €). Benötigt werden ein Telefon und ein Telefonanschluss mit spezieller Rufnummer (0190 o.ä.), welche für Telefonverdienste geeignet sind. Für die Benutzung einer eigenen Hotline müssen Sie eine Gebühr an die jeweilige Telefongesellschaft zahlen. Diese Gesellschaften stellen für Sie eine eigene Nummer zur Verfügung, so dass alle Gespräche automatisch dort abgerechnet werden. Dazu kommen noch Kosten für die Werbung und schon geht es los!
Der Verdienst richtet sich nach der Anzahl der Anrufer, nach der Gesprächsdauer und nach den Kosten pro Gesprächsminute!
Setzen Sie den Preis pro Gesprächsminute nicht zu hoch an, sonst könnten einige Interessenten an der Seriosität Ihres Geschäftes zweifeln. Üblich sind Preise von 0,62 Cent pro Minute. Für besondere Dienste, wie etwa das Rechtsfragentelefon sind auch Preise von 1,12 € im Rahmen des Möglichen.
Angenommen Sie eröffnen ein Sorgentelefon! Wenn Sie durchschnittlich 5 Gespräche von jeweils 15 Minuten Länge führen und 0,62 Cent / Minute verlangen, wäre das ein Umsatz von 45,75 € am Tag. So könnten Sie in einem Monat bei 20 Arbeitstagen 915 € umsetzen.
Natürlich richtet sich Ihr Umsatz auch nach der Art und Vielfältigkeit der Werbung. Optimal werben Sie für dieses Geschäft mit dementsprechenden Zeitungsannoncen! Tageszeitungen, Anzeigenblätter oder Fachzeitschriften bieten sich dafür sehr gut an.
Wichtig dabei ist, dass die Annoncen möglichst in den richtigen Zeitungen erscheinen, damit auch die gewünschten Zielgruppen angesprochen werden.
Für das Sorgentelefon ist es ausreichend, in allgemeinen Zeitschriften bundesweit zu inserieren. Beim Rechtsfragentelefondienst ist es jedoch ratsam, vorwiegend in Ratgeberzeitschriften Annoncen zu schalten.

Auch die Außenwerbung eignet sich ideal um einen Telefondienst bekannt zu machen. Stellen Sie Werbeschilder auf gutbefahrenen Straßen oder Einkaufszentren auf.

Hier ein Beispiel für einen Werbetext:

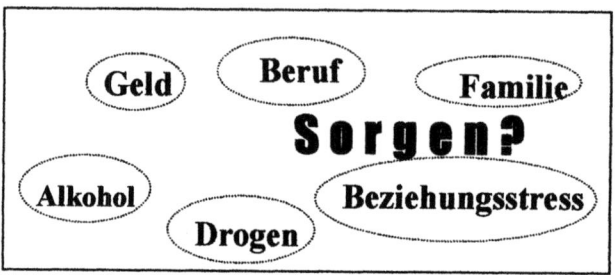

*Ob Probleme privater,*
*beruflicher,*
*oder finanzieller Art,*
**wir werden Ihnen helfen!**

Herr Muster, steht Ihnen täglich von 16.00 Uhr - 22.00 Uhr zur Verfügung!
Diskretion und absolute Schweigepflicht sind selbstverständlich.

Telefon ........................                                  0,62 Cent/min

Wichtig ist, dass Sie den Werbetext einfühlsam und ausdrucksvoll Gestalten, damit Ihre Ansprechpartner von dem Service Ihres Geschäftes überzeugt sind.
Um bundesweit akquirieren zu können, ist das Internet unentbehrlich.
Tragen Sie Ihren Telefonservice unter bestimmten Kategorien in verschiedenen Suchmaschinen ein.
Beim Rechtsfragentelefon zum Beispiel unter „Anwälte" oder „Rechtsfragen". So werben Sie gezielt im Internet und können sicher sein, dass Sie einige Neukunden gewinnen werden.

Floriert das Geschäft gut, so empfiehlt es sich weitere qualifizierte Mitarbeiter zu suchen, um noch mehr Geld zu verdienen. Jeder Berater sollte für ein Sorgentelefon folgende Fähigkeiten besitzen:

- Aufgeschlossenheit
- Einfühlungsvermögen
- Gedanken und Gefühle äußern
- Überzeugungskraft
- Ideen
- Erfassung seelischer Zustände von Personen.

Mit den richtigen Mitarbeitern können Sie Geld verdienen, ohne selbst am Telefon sitzen zu müssen. Die Lohnkosten Ihrer Berater rechnen Sie ganz einfach auf Provisionsbasis ab.
Bieten Sie Ihren Angestellten beispielsweise 40 % des Gewinns pro Minute an.

Haben sie 3-4 Stunden täglich Zeit um Menschen bei Ihren Problemen am Telefon zur Seite zu stehen, ist der Telefonservice genau der richtige Nebenverdienst. Bei optimaler Geschäftsführung ist es möglich, den Telefonservice hauptberuflich auszuführen.

# Einkaufserlediger

Immer mehr Menschen fällt es schwer, aus beruflichen, zeitlichen oder gesundheitlichen Gründen die gesamten Einkäufe des täglichen Bedarfs zu erledigen. Sicher ist es Ihnen auch schon einmal passiert, dass Sie nach einem stressigen Tag die Einkäufe vergessen haben. Oder stellen Sie sich einmal vor, wie es ist wenn, man älter wird und nicht mehr so einfach durch die Läden bummeln kann.
Wären Sie dann nicht froh, wenn es jemanden gäbe, der Ihnen Hilfe anbietet? Und das zu einem guten Preis!

Diese Geschäftsidee ist die Lösung des stressigen Einkaufsproblems. Der Einkaufserlediger organisiert die gewünschten Waren und erhält dafür eine Kilometerpauschale für die Anlieferung + Provision pro Produkt. Für den einfachen Geschäftsbeginn ist hierfür verhältnismäßig wenig Startkapital notwendig. Alles was man benötigt, ist ein Auto, ein Telefon (möglichst Mobilfunk) und etwas Geld um die ersten Waren einkaufen zu können. Da ein Auto und ein Telefon schon in fast jeden Haushalt vorhanden sind, halten sich die Investitionskosten in Grenzen. Bestenfalls kann man mit ca. 500 € schon eröffnen. Von Vorteil ist eine Ausbildung als Einzelhandelskaufmann in einem Supermarkt. So wäre schon professionelles Wissen über Preisfaktoren und Waren vorhanden. Dazu sollten man über gute Ortskenntnisse verfügen.

Schauen sie sich doch einmal genau in ihrer Umgebung um, wie viel unbeholfene Menschen es gibt! Sie werden auf Anhieb feststellen, dass einige Leute aus Ihrem Umkreis diese Art von Dienstleistung in Anspruch nehmen würden. Vorrausgesetzt die Preise sind inklusive Anlieferung etwa gleich mit denen von angrenzenden Supermärkten. Desweiteren können Sie Neukunden in Tageszeitungen und herkömmlichen Anzeigenblättern Ihrer Stadt anwerben.
Auch die Außenwerbung bietet ideale Möglichkeiten um den Einkaufserlediger stadtbekannt zu machen.

Ein Werbetext für den Einkaufserlediger könnte wie folgt aussehen:

## Keine LUST zum EINKAUFEN ?

### Wir schon!

Wir liefern Ihnen Ihre Einkäufe preiswert und pünktlich von
Montag - Samstag frei Haus!
Einkäufe bis 80 € = 2,50 € Lieferkosten,
**BONUS :** Einkäufe ab 80 € = kostenfreie Lieferung

**Jetzt anrufen und Preisliste anfordern!**

**oder**

## Der ROLLENDE Supermarkt

Wir erledigen Ihre Einkäufe im Bereich Lebensmittel,
Haushaltswaren und auf Anfrage mehr!

## Teuer?

**NEIN!** Alle Preise sind vergleichbar mit herkömmlichen
Supermärkten !
**Bestellen Sie noch heute unsere Produktliste, die alle Preise und
Bestellnummern enthält.**

geschäftliche Öffnungszeiten :     Montag bis Freitag  7.00 - 20.00 Uhr
Samstags von  7.00 - 16.00 Uhr

Diese Werbetexte können Sie in Tageszeitungen annoncieren oder als
Handzettel in Briefkästen verteilen.

63

Die Stammkundschaft steht bei dieser Geschäftsidee an erster Stelle. Versuchen Sie deshalb alle Wünsche Ihrer Auftraggeber zu erfüllen, um für die Zukunft jeden Neukunden behalten zu können. Ist eine große Stammkundschaft erreicht, werden Werbungskosten nur noch geringfügig benötigt.
Ein weiterer wichtiger Faktor für die Kundenneugewinnung ist der Preis für dieses Dienstleistungsgeschäft. Die Preise ihrer Produkte sollten in etwa gleich mit den Preisen anderer Lebensmittelgeschäfte liegen. Bieten Sie überteuerte Ware an, um möglichst hohen Gewinn herauszuschlagen, wechselt die Kundschaft mit hoher Wahrscheinlichkeit wieder zu herkömmlichen Supermärkten über. Deshalb sollte man die Preise dem Markt angleichen
Versuchen Sie die Ware etwa 5% preiswerter anzubieten.

**Bsp.:** Kostet ein Liter Milch in einem Supermarkt 1,00 DM setzen Sie den Preis auf etwa 0,95 DM. Dafür fehlen Ihnen zwar ca. 5 % des Umsatzes, aber dafür haben Sie nicht so hohe Ausgaben wie normale Lebensmittelgeschäfte. Diese müssen noch teure Miet- und Stromkosten zahlen, welche beim Einkaufserlediger wegfallen.

Kaufen Sie die Produkte im Großmarkt ein. Dort bekommt man die Waren auf Händlerrabatt um einiges günstiger.
Somit verdienen Sie an jedem Produkt, was Sie für die Kunden organisieren.

Bsp.: Sie erhalten von einem Kunden den Auftrag bestimmte Waren einzukaufen und ihm anzuliefern. Im Großmarkt kaufen Sie die Waren für 25 € ein und verkaufen diese wieder an Ihren Auftraggeber für beispielsweise 55 €. An diesem einen Auftrag hätten Sie 30 € verdient, abzüglich der Fahrt- und Werbungskosten.
Zusätzlich kann man noch Fahrtkosten vom Kunden verlangen. Die aber ab einem bestimmten Einkaufswert als Bonus erlassen werden können.

Verlangen können Sie:
- bis zu einem Einkaufswert von 40 €
  2,5 - 5 € Fahrtkosten (je nach zurück-gelegter
  Strecke),
- ab einem Einkaufswert von 40 € können Sie
  die Waren als Rabatt ohne Fahrtkosten
  liefern,

Ihr Geschäftsgebiet sollte 20 km im Umkreis nicht
überschreiten, da die Fahrtkosten sonst zu hoch ausfallen
könnten.

Wie Sie sehen, profitiert man fast ausschließlich von den Produkten.
Es ist deshalb wichtig konkurrenzfähig mit anderen Supermarktketten
zu bleiben. Vergleichen Sie die Preise von den angrenzenden Supermarktketten und richten Sie Ihre danach.
Außerdem müssen all Ihre angebotenen Produkte einen festen Preis
besitzen.
Sind alle Preise festgelegt, ist ein Preiskatalog unverzichtbar.
Dieser Katalog sollte an alle Interessenten und Kunden verteilt
werden, damit sich jeder von Ihrer preiswerten und vielfältigen Ware
überzeugen kann. Außerdem empfiehlt es sich jedes Produkt mit einer
Bestellnummer zu versehen. Das erspart eventuelle Bestellfehler und
jede Menge Schreibkram.

Die folgende Tabelle gibt die möglichen Verdienstmöglichkeiten an:

| Kundenzahl pro Monat | Umsatz | Provision der Ware (gesamt) | Benzinkosten | Werbungs- kosten | Gesamt- gewinn |
|---|---|---|---|---|---|
| 10 | 600 € | 375 € | 50 € | 75 € | ca. 250 € |
| 70 | 4200 € | 2625 € | 350 € | 525 € | ca. 1750 € |

Wie Sie sehen ist der Einkaufserlediger ein lukrativer Nebenverdienst, der sich in mittelgroßen beziehungsweise großen Städten auch hauptberuflich bezahlt macht!

Läuft Ihr Geschäft nach einiger Zeit gut, können Sie sich ein Warenlager einrichten, um jederzeit schnell und kostengünstiger liefern zu können. So spart man die weiten Strecken in den Großmarkt und kann sich die Ware von Großhändlern liefern lassen.

Wie bei allen anderen Geschäftsideen gilt auch hier die Devise:

**Zeit ist Geld!**

Je mehr Bestellungen Sie ausliefern, desto mehr Geld werden Sie verdienen. Ihre Arbeit würde wenig Sinn machen, wenn Sie für beispielsweise jede Kundenlieferung, 2 Stunden benötigen.

Unentbehrlich ist also ein großer Stadtplan, mit dessen Hilfe Sie jeden Weg planen können.

# Erfolgscoach

Vielen Führungskräften und Geschäftsführern fällt es schwer,
ihre beruflichen und daher auch finanziellen Ziele zu erreichen.
**Doch woran liegen beispielsweise die Probleme in Unternehmen?
Sind sie auf Fehler vom Geschäftsführer aus zurückzuführen,
oder treten bei Mitarbeitern häufig Konzentrationsstörungen und
mangelnde Motivation auf?**

Ein Erfolgscoach kennt die auftretenden Probleme in Unternehmen
und weiß wie diese gemindert oder abgestellt werden können. In
einem Seminar lernen die Karrieretypen durch ein Motivationstraining
den beruflichen Erfolg schneller und zielstrebiger zu erreichen.
Sind Sie ein aufgeweckter Typ, der bereit ist Erfolgspraktiken an
Manager und Selbständige weiterzuleiten, könnte diese Geschäftsidee
die Passende sein.
Ein Startkapital von ca. 2.000 € ist notwendig, um die ersten Seminare
veranstalten zu können. Benötigt wird ein Unterrichtsraum, da die
Seminare aus Umsatzgründen jeweils in verschiedenen Städten
stattfinden sollten. Dieser kann angemietet werden. Hinzu kommen
Kosten für selbst erarbeitete Schulungsbücher, weitere Unterrichts-
materialien und einige Kosten für die Werbung.

Als Qualifikation wird Fachwissen im Bereich Motivationstraining,
effektive Mitarbeiterführung und Regeln der Rhetorik vorrausgesetzt.
Schulungen bieten die beste Möglichkeit, um das nötige Wissen für
die Formeln des Erfolgs zu erlernen.
Bestenfalls nehmen Sie selbst an ähnlichen Motivationsseminaren teil.
Desweiteren ist genügend Literatur im Buchhandel erhältlich.
Dies ist eine weitere Alternative, um sich noch mehr Kenntnisse für
die Arbeit als Erfolgscoach anzueignen. Ist das notwendige Wissen
erreicht und sind Sie bereit dieses in Unterrichtsform weiter zu
vermitteln, beginnt der nächste Schritt.
Erarbeiten Sie einen genauen Unterrichtsablauf.
Das Erfolgstraining sollte plausibel und vor allem mit viel
Überzeugungskraft gestaltet werden.

Nun einige Themen die in keinem Seminar fehlen sollten:

- wirkungsvolle Führung der Mitarbeiter
- perfekte Motivation am Arbeitsplatz
- Wie verwirkliche ich meine Ziele?
- mehr Erfolg durch gesteigertes Selbstbewusstsein

Anfangs sollten Sie das erarbeitete Erfolgsprogramm auf die Probe stellen, bevor es den ersten Teilnehmern vorgetragen wird.
Es empfiehlt sich, erst einmal alles im Bekanntenkreis auszuprobieren. So wird man auf eventuelle Fehler und andere negative Eigenschaften des Seminarinhalts hingewiesen.
Die Seminare sollten in großen Industrie- und Ballungsgebieten stattfinden, da dort die meisten Karrieretypen aufeinandertreffen.
Um möglichst kontinuierlich viele Kursteilnehmer zu finden, ist es empfehlenswert, die Seminare in vielen Städten zu veranstalten.

Gezielt werben Sie in Wochenzeitungen der jeweiligen Stadt und in Unternehmerfachzeitschriften.

Beispiel Werbetext:

## *Stress?* Ärger mit den Mitarbeitern?

In unserem Erfolgstraining lernen Sie mit Ihren täglichen Schwächen auf Arbeit umzugehen und die Motivation enorm zu steigern.
Ein langerprobtes Schulungsprogramm verspricht den beruflichen Erfolg.
**Seminarinhalt:** Motivationstraining, Grundregeln der Rhetorik, Stressbekämpfung u.v.m.!
Fragen und Ticketbestellung unter Rufnummer ..................

Um noch gezielter zu werben, können Sie Werbebriefe an Unternehmen der jeweiligen Stadt senden. Da die Zielgruppen

( Manager, Selbständige usw.) direkt und persönlich angesprochen werden, ist diese Werbemethode erfolgversprechend.
Die Verdienstchancen sind enorm hoch, vorrausgesetzt es ist alles perfekt organisiert. Zunächst sollten Sie jedoch klein anfangen, um möglichst wenig Eigenkapital zu investieren.
Mieten Sie sich anfangs kleine Räumlichkeiten für ca. 30 Personen (wie etwa Restaurants oder Ähnliches). So kann man das Seminar und sich selbst vor kleinem Publikum testen, bevor man in Sälen mit 100 Personen und mehr unterrichtet.

Haben Sie genügend Erfahrungen gesammelt, ist es an der Zeit, das Geschäft zu vergrößern. Nun können Sie große und bekannte Veranstaltungsräume mieten. Als erfahrener Erfolgscoach ist es möglich 80-100 Kursteilnehmer (in Großstädten) pro Seminar zu unterrichten. Die Bekannten Erfolgscoachs erreichen das zehnfache an Teilnehmern.

*Preisbestimmung Seminargebühr:*
Die Höhe der Seminargebühr richtet sich je nach:

- den Mietkosten des Veranstaltungsraumes
- der Anzahl der Unterrichtsstunden
- der Anzahl der Kursteilnehmer (geschätzte)

Für 8 Unterrichtsstunden sind 35 - 45 € pro Kursteilnehmer ein angemessener Preis.
Mit der richtigen Strategie können Umsätze von bis zu 4.000 € pro Seminar erreicht werden.

Abgezogen werden die Kosten für :

- Werbung ( ca. 750 € )
- Miete ( ca. 1.250 € )
- Sonstiges ( ca. 250 € )

Somit können Gewinne in Höhe von 1.750 € pro Seminar erzielt werden.

Bei 4 Seminaren/Monat hätte man über 5.000 € Gewinn erreicht.
Die Höhe des Verdienstes hängt von jedem Erfolgstrainer persönlich ab. Je nachdem, wie man sich arrangiert und auch die dementsprechenden Leistungen erbringt.
Die Geschäftsidee des Erfolgstrainers benötigt eine lange Vorbereitungszeit, da der Unterrichtsstoff vollkommen beherrscht werden muss, bevor man diese Verdienstmöglichkeit in Anspruch nimmt.

# Haushaltsservice

Die ideale Verdienstmöglichkeit für Hausfrauen und Menschen in Halbtagsarbeit, ist der Haushaltsservice.
Sie erledigen Haushaltsaufgaben für Personen, die wenig Zeit dafür haben und verlangen dafür einen gewissen Stundenlohn.
Der Aufgabenbereich ist sehr vielseitig und stellt gewisse Anforderungen an den Betreiber dieses Dienstleistungsgeschäfts.
Arbeiten wie: **Reinigung der Wäsche (u.a. bügeln), kleine Näharbeiten, Haushaltspflege, Einkauf, Babysitter** und weitere Kundenwünsche gehören dazu.

Aus diesem Grund sollten Sie, was das Thema Haushalt betrifft, einige Jahre Erfahrung aufweisen. Alle erdenklichen Hausarbeiten müssen routinemäßig und sauber von Ihnen durchgeführt werden.
In verschiedenen Großstädten existieren bereits erfolgreiche Agenturen. Mit einem guten Marketingkonzept ist diese Tätigkeit auch hauptberuflich möglich.
Mit sehr geringem Startkapital (ab ca. 100 €) kann man diese Art von Dienstleistung durchführen. Da es Haushaltsgeräte meist in jedem Haushalt gibt, sind keine größeren Investitionen notwendig.
Benötigt wird ein Mobiltelefon, um jederzeit für die Kunden erreichbar zu sein und gegebenenfalls ein Auto.

Die Kundensuche kann mit Annoncen, in Anzeigenblättern begonnen werden. Bsp. Werbetext:

*Zu viel* **HAUSARBEIT**

Haben Sie keine Zeit für lästiges Haushalten oder einfach keine Lust? Wir erledigen sämtliche Hausarbeiten, **sauber, schnell und zuverlässig.** Und das zu unglaublich **starken Preisen**!
Kundentelefon: ................

**Der HAUSHALTSSERVICE in Ihrer Stadt!**

Außerdem können auch Werbetafeln in großen Supermärkten aufgestellt werden. Diese Werbemethode ist sehr erfolgversprechend, da die Interessenten für Ihre Dienstleistung in Supermärkten am meisten anzutreffen sind. Außerdem ist die Werbung dort um einiges preiswerter als in Zeitungsannoncen.

Versuchen Sie jede Aufgabe verantwortungsbewusst durchzuführen, damit Sie jeden Neukunden in Zukunft auch als Stammkunden behalten können.
Die Verdienstchancen sind vom Geschäftsort abhängig. In Großstädten fällt der Umsatz natürlich größer aus, als in Kleinstädten. Der Stundenlohn, den Sie für Ihren Haushaltsdienst verlangen, liegt ca. bei 10-18 € / Stunde. Er muss individuell an jedes Geschäftsgebiet angepasst werden.
Bei einer durchschnittlichen Arbeitszeit von 4 Stunden pro Tag ergibt sich ein Monatsumsatz von ca. 1.200 € ( bezogen auf 20 Arbeitstage und 15 € Stundenlohn).
Kosten für Benzin und weitere Ausgaben ( je nach Auftrag) werden vom Erlös abgezogen und es errechnet sich der Monatsgewinn.

Ist ein großer Kundenstamm vorhanden, kann man überlegen diese Tätigkeit hauptberuflich auszuüben.
In Großstädten ist es sogar möglich, mehrere Mitarbeiter einzustellen, um somit noch mehr Gewinn zu erzielen. Wie gut Ihr Geschäft floriert, hängt von Ihnen persönlich ab. Versuchen Sie immer das Beste zu geben und Sie werden mit dieser Geschäftsidee Ihre finanziellen Ziele erreichen.

# Veranstalter

Viele Menschen verkümmern heutzutage in ihrem Alltagstrott! Sie haben keine Alternative, was sie in der Freizeit, besonders am Wochenende, unternehmen können. Was ist der Grund für diese Langeweile, so ganz ohne Spaß?

Es ist einfach so, dass in den meisten kleineren, ja sogar in größeren Städten viel zu wenig Veranstaltungen durchgeführt werden. Wie wäre es, wenn in Ihrer Stadt einmal so richtig die Post abgeht! Meinen Sie nicht auch, dass Veranstaltungen und Partys das ultimative Erfolgsrezept gegen Langeweile sind? Der Veranstalter organisiert Partys und dergleichen, um die verschiedensten Menschengruppen vom herkömmlichen Alltag abzulenken. Man sollte also über ein perfektes Organisationstalent verfügen. Da einiges vorbereitet werden muss, bevor beispielsweise ein Diskoabend gestartet werden kann.

Aufgabenbereich:
- Einkauf der Waren (Getränke und Sonstiges)
- vollständige Planung der Veranstaltung
- Management
- Werbung

Um all diesen Aufgaben gewachsen zu sein, sind bestimmte, persönliche Eigenschaften notwendig. Prüfen Sie sich selbst!

## Können Sie diese Anforderungen erfüllen?

**hohe Belastbarkeit:** Sie können Aufgaben in kurzer Zeit gewissenhaft und stressfrei durchführen.

**Planung der Veranstaltung:** Sie sind bereit, die von Ihnen ausgesuchte Veranstaltungsform komplett zu planen, inklusive der Aufgabe der Gestaltung.

**Teamarbeit und Führungskenntnisse:** Sie arbeiten gern im Team und wissen wie man mit verschiedenen Menschengruppen umgehen muss, um für alle Probleme eine optimale Lösung zu finden. Außerdem besitzen Sie Kenntnisse der Mitarbeiterführung.

**Motivation:** Sie haben genügend Motivation, um ein solches Projekt bis zum Ende durchzuführen.

Wenn Sie bereit sind, die genannten Aufgabenbereiche ordnungsgemäß und routinemäßig durchzuführen, könnte diese Geschäftsidee die Richtige für Sie sein.
Zunächst müssen Sie überlegen, welche Art von Veranstaltung Sie anbieten möchten. Sie sollte auf die Interessen der Bürger Ihrer Stadt abgestimmt sein und vor allem abwechslungsreich gestaltet werden.

Hier einige erfolgsversprechende Veranstaltungstipps:

„ Flirtpartys für Singles ab 30 "

**„allgemeine Diskopartys"**
Je nach Bedarf sollten verschiedene Musikrichtungen gespielt werden.
Beispiel:

| | |
|---|---|
| für die ältere Generation: | Volksmusik; Hits der 50er, 60er, 70er und 80er; Klassikkonzerte usw. |
| für die jüngere Generation: | Dancefloor, House, Techno, Hip Hop, Black Music, Punkrock, Heavy Metal |

Weitere Veranstaltungstipps:
„MODENSHOWS"      „Dinnerpartys"      „Clubtreffen"

**After holiday-party:** Urlaub, die schönste Zeit des Jahres, ist auch irgendwann vorbei. Die Urlaubsparty danach ist eine ideale Variante, um an traumhafte Zeiten erinnert zu werden.

Diese Party kann in Kneipen oder Ähnlichem veranstaltet werden, welche dann zeitweise mit Urlaubsrequisiten ausgerüstet werden. Außerdem sollten Speisen und Getränke aus bekannten Urlaubsländern im Angebot sein, wobei die passende Musik nicht fehlen sollte.

*Schlossball:* Ein wundervolles Ambiente für einen Ball, ist ein Schloss! Dort, wo einst Könige und Adelsherren feierten, fühlen sich auch Gäste aus unserer Zeit wohl.

**FILMABENDE:** Hierbei führt man beliebte Filme aus alten Zeiten Vor. Dafür können beispielsweise Restaurants gemietet werden. Einen großen Fernseher oder eine Videoleinwand kann man gegebenenfalls mieten.

**Wettbewerbe:** Diese können zusätzlich zur Aufmunterung bei Veranstaltungen angeboten werden.
- Wetttrinken; Wettessen
- Karaokeshow
- Misswahl

Anlässlich bestimmter Feiertage können weitere Veranstaltungen geplant werden:
- Karnevalsball
- Silvesterparty
- Weihnachtsfeier
- Abendball

Die folgenden Fragen helfen bei der Auswahl einer passenden Veranstaltung in Ihrer Stadt.

*Welche Altersgruppe, möchten Sie, in bezug auf Veranstaltungen, ansprechen?* ............................................................

*Für welche Zielgruppen werden keine Veranstaltungen angeboten?*
............................................................

*Welche Anzahl von Kunden, möchten Sie pro Veranstaltung
erreichen ? .........*

*Können Ihre Vorstellungen vom Gewinn mit Ihrer Veranstaltung
erreicht werden? ..............*

*Wie viel Startkapital benötigen Sie? ...................*

*Kann diese Summe von Ihnen finanziert werden, wenn ja
wie?...............................................................................*

Ist die passende Veranstaltung für Ihre Umgebung gewählt, beginnt
der Aufgabenbereich der Werbung!
Um optimale Teilnehmerzahlen zu erreichen, muss man verschiedene
Werbemethoden gezielt einsetzen!
Äußerst effektiv ist z.B. die Werbung mit Plakaten. Diese können
mit Genehmigung der Stadt an Ortstraßen aufgehangen werden.
Aber auch die Verteilung von kleinen Flugblättern bietet eine ideale
Möglichkeit, um Ihr Vorhaben in der Stadt bekannt zu machen.
Legen Sie die Blätter einfach in verschiedenen Läden aus!
Beispiel: *Tankstellen, Friseurgeschäfte, Modegeschäfte, Bars usw.*

Wichtig ist, dass die gewünschten Zielgruppen auch Kunden in den
einzelnen Geschäften sind und die Geschäfte möglichst hohe Kunden-
zahlen aufweisen, um möglichst viele Menschen ausreichend über
Ihre Veranstaltung informieren zu können.
Etwas kostenaufwendiger, jedoch viel erfolgreicher, wirken Flug-
blätter, die an jeden Haushalt Ihrer Stadt zugesandt werden.
Für große Veranstaltungen empfiehlt sich die Radiowerbung. Lassen
Sie sich originelle Werbesprüche einfallen, damit auch viele Hörer auf
Ihre Werbung ansprechen.
Desweiteren können Sie zusätzlich noch in Zeitungsannoncen werben.
Je nach Größe der Veranstaltung, müssen Sie eine oder mehrere
Werbemethoden wählen, um angestrebte Erfolge zu erzielen.
Nachfolgend ein paar Beispiele für Werbeseiten, die gezielt als
Flugblätter oder Zeitungsannoncen eingesetzt werden können.

# Zurück

## in die

# 50er und 60er

> Es waren die schönsten Jahre unseres Lebens!
> FREIHEIT, jede Menge SPAß und unglaublich
> starke SONG`S prägten diese Zeit. Mit unserer
> ROCK`N`ROLL – Party beginnen wir eine
> einzigartige Reise in die VERGANGENHEIT.

**Kommen Sie mit uns in die unvergessene, atemberaubende Zeit des
„ROCK `N` ROLL".**

**Wo?**   Na in der Messehalle ...

**Wann?**  am Samstag den 18.11.2000
          Einlass: um 19.00 Uhr

Kartenvorverkaufspreis: 20 DM
Abendkasse:         24 DM

Die ROCK `N` ROLL-PARTY !

**Veranstaltungsort:**
Der Veranstaltungsort muss passend zur Veranstaltung gewählt
werden! Empfehlenswert ist es, die entsprechenden Räumlichkeiten zu
mieten, da so beträchtliche Summen eingespart werden. Nichts wäre
ärgerlicher, als beispielsweise ein Discogebäude auf Kredit zu kaufen
und man nach einiger Zeit feststellt, dass der Umsatz nicht ausreicht,
um den Kredit zu tilgen.
Je nach Veranstaltungsart können folgende Räumlichkeiten oder
Grundstücke gemietet werden:

**Restaurants, Bars, Partyzelte, Turnhallen von Schulen o.ä.,
Veranstaltungssäle, Grundstücke oder Hallen von Firmen,
Freibäder, Burgen oder Schlösser,**

**Kostenplanung:**
Die Kostenplanung gibt Aufschluss über die Höhe der bevorstehenden
Ausgaben. Alle notwendigen Kosten werden in einer Tabelle aufge-
listet und zusammengerechnet.
Die Ausgaben sind von der Veranstaltungsart abhängig.
Kostenträchtig sind u.a.:

- Werbungskosten
- Miete für Veranstaltungsräume
- Musikerhonorare
- Kosten für Requisiten o.a.
- Lohnkosten für Hilfskräfte
- GEMA-Gebühren
- Bewirtung (Getränke, Essen)
- Miete für technische Geräte
- Miete für Tische und Stühle

Versuchen Sie so viel wie möglich Einsparungen zu treffen! Diese
sollten sich aber nicht auf das Image Ihrer Veranstaltungen auswirken.
Improvisationstalent ist also gefragt.

*Wie kann man gleichen Nutzen mit geringerem Kapital erfüllen?*

Diese Frage sollten Sie sich ständig vor Augen halten, um die Ausgaben minimal zu halten.

Wenn Sie sich gut engagieren, können Sie bereits mit einem Startkapital von ca. 2.000 – 2.500 € beginnen. Es kann jedoch höher oder niedriger ausfallen, je nach Größe der Veranstaltung.

## Sponsoren:
Um eine erhebliche Entlastung der Kosten zu ermöglichen, können mehrere Sponsoren gesucht werden. Es eignen sich mittelständige - bis große Unternehmen, die sich großzügige Kassenzuschüsse leisten können. Werben Sie dafür als Gegenleistung für die Sponsoren! Dazu eignen sich Werbetafeln am Veranstaltungsort, Werbung auf Eintrittskarten oder auf Flugblättern.
Beziehen Sie Ihre Sponsoren mit in Ihre Werbung ein, durch Sätze wie:

**Autohaus Muster präsentiert „das JAZZ-Festival!"**

## Einnahmen:
Die Einnahmen werden überwiegend aus Eintrittsgeldern, verkauften Getränken und eventuell auch von Speisen gewonnen. Die Preishöhe des Eintritts und der angebotenen Waren sind entscheidend für den Gewinn und den Umsatz! Gestalten Sie die Preise etwa in gleicher Höhe wie andere Veranstalter in der Umgebung. Beachten Sie aber auch gleichzeitig die Höhe der Ausgaben. Alle Ausgaben müssen mit den Einnahmen und den eventuellen Sponsorzuschüssen gedeckt werden, damit der entsprechende Gewinn übrig bleibt.

## Gewinn:
Die Höhe des Gewinns ist abhängig von verschiedenen Faktoren.
- Anzahl der Gäste
- Höhe der Ausgaben
- Eintrittspreis
- Anzahl der verkauften Getränke usw.
- Sponsorenzuschüsse

Es ist verständlich, dass bei Veranstaltungen im kleineren Rahmen geringere Gewinne erreicht werden können.

Hier ein Verdienstbeispiel einer Tanzveranstaltung:

| Einnahmen | | | Ausgaben | | |
|---|---|---|---|---|---|
| Eintritts-gelder | Bewirtung gesamt | Sponsoren-zuschüsse | Saalmiete, GEMA-gebühren, | Wareneinkauf (Getränke, Requisiten | Lohn für Security's, |
| 400 Gäste a 7,50 € | Getränke und sonstiges | von Vereinen, Unternehmen usw. | | usw.) Werbungs-kosten, | Kellner und DJ |
| 3.000 € | 1.367,50 € | 600 € | 900 € | 1.050 € | 650 € |
| GESAMT: 4.967,5 € | | | GESAMT: 2.600 € | | |

**GEWINN:**  <u>**2367,50 €**</u>

Diese Tabelle ist ein Musterbeispiel! Die Höhe des Verdienstes hängt von jedem Unternehmer selbst ab. Je nach Kostenintensivität der Veranstaltung und nach der Höhe der Einnahmen, ergibt sich der entsprechende Erfolg.

# Schlussbemerkung

Als Unternehmer hat man bestimmte Gesetze zu beachten!
Um über seine Rechte und Pflichten, genauesten informiert zu sein,
empfiehlt sich ein Existenzgründerkurs. Dort werden alle offenen
Fragen von haupt- und nebenberuflichen Gewerbetreibenden
beantwortet. Behandelt werden Themen wie, Steuern,
Finanzierungsquellen, Versicherungen, Risiken u.v.a..

## Haupt oder nebenberuflich?

Wenn Sie die passende Geschäftsidee für sich gefunden haben, stellen
Sie sich früher oder später die Frage: haupt- oder nebenberuflicher
Verdienst.
Fast alle Geschäftsideen in diesem Buch, können nebenberuflich
durchgeführt werden. Ich persönlich würde jedem empfehlen, erst
einmal nebenbei anzufangen. So sieht man dann auch in der Praxis, ob
man für diese Tätigkeit geeignet ist. Wenn genügend Gewinn im
Monat erzielt wird kann man dann über eine selbstständige
hauptberufliche Karriere nachdenken.

## allgemeine Hinweise

**Steuern:**
Auf alle Einnahmen eines Gewerbebetriebes müssen Steuern gezahlt
werden!
Unterschieden werden u.a.:
**Umsatzsteuer, Einkommensteuer, Gewerbesteuer, Lohnsteuer,
Körperschaftsteuer.**
Die Angaben zu den Verdienstbeispielen in diesem Buch sind ohne
Steuern angegeben.
Alle dargestellten Verdienstbeispiele sind ausschließlich Richtwerte!
Der tatsächliche Gewinn ist von den Fähigkeiten des Unternehmers
abhängig. Außerdem beeinflussen auch einige Faktoren die Höhe des
Gewinns, wie zum Beispiel:

- der Standort des Geschäftsgebietes

- genaue Kostenberechnung, um den Preis für Dienstleistungen oder Produkte zu ermitteln
- die allgemeine Marktsituation
- die Anzahl der Konkurrenten

**Gewerbeanmeldung:**
Auf alle im Buch enthaltenen Geschäftsideen muss ein Gewerbe angemeldet werden. Dies gilt allgemein für jeden, der einen selbständigen Verdienst haupt- oder nebenberuflich durchführen möchte.
Für manche Gewerbe sind jedoch bestimmte Zusatzqualifikationen, oder andere Anmeldungen notwendig. Weitere Informationen hierfür, erhalten Sie auf dem zuständigen Gewerbeamt Ihrer Stadt!

**Werbung:**
Auch bei der Durchsetzung Ihrer eigenen Werbung sind einige Formalitäten zu beachten, welche vom deutschen Wettbewerbsrecht vorgeschrieben sind.